本书获得湖南省学位与研究生教育改革重点项目：混合式教学法在研究生羽毛球教学中的实验研究（编号：2020JGZD026）资助

混合式教学法
在研究生羽毛球教学中的实验研究

郭恒涛 | 著

九 州 出 版 社
JIUZHOUPRESS

图书在版编目（CIP）数据

混合式教学法在研究生羽毛球教学中的实验研究／
郭恒涛著 . -- 北京：九州出版社，2023.5

　　ISBN 978-7-5225-1807-7

　　Ⅰ.①混… Ⅱ.①郭… Ⅲ.①羽毛球运动—运动训练
—教学研究 Ⅳ.①G847.2

中国国家版本馆 CIP 数据核字（2023）第 079943 号

混合式教学法在研究生羽毛球教学中的实验研究

作　　者	郭恒涛　著	
责任编辑	蒋运华	
出版发行	九州出版社	
地　　址	北京市西城区阜外大街甲 35 号（100037）	
发行电话	（010）68992190/3/5/6	
网　　址	www.jiuzhoupress.com	
印　　刷	唐山才智印刷有限公司	
开　　本	710 毫米×1000 毫米　16 开	
印　　张	11.5	
字　　数	148 千字	
版　　次	2023 年 10 月第 1 版	
印　　次	2023 年 10 月第 1 次印刷	
书　　号	ISBN 978-7-5225-1807-7	
定　　价	68.00 元	

目　录
CONTENTS

第一章 绪 论

第一节 选题依据

一、传统课堂教学模式的困境

在传统体育课堂教学过程中，教师和教材是课堂的权威，学生在教师的主导下进行学习，所以在教学过程中难免出现学生被动学习、厌倦学习等现象。学生在传统教学中知识与经验的获取途径单一，仅来自教师和教材。许多教师缺乏教学手段，对多媒体、投影仪等教学辅助工具的运用仅限于对知识的文字展现，无法发挥其他教育价值，同时传统课堂教学难以突显学生的主体地位，这种情况已无法满足当代学生身心发展和新课程改革的需求。当然，传统教学法也并不是一无是处，它之所以能够存在如此之久，是因为它有着一些独特的优势：第一，传统教学有利于教师系统地传授知识与技能，使学生更好地把握知识的整体框架；第二，传统教学有利于教师对课堂的管理，从而提高教学效率和完成教学任务；第三，传统教学有利于教师发挥榜样作用，在教学过程中严于律己，通过言传身教可以对学生学习和生活产生潜移默化的影响。但随着新时代的来临和科学技术的发展，传统教学模式的缺陷逐渐暴露出来：首先，在传统教学过程中，由于过度强调知识与技能的传授，从而忽视了学生在学习中的主体地位；其次，在传统课堂中教师是课堂的主导，学生处于被动位置，难以培养学生自主思考和主动探究的能力，导致学生创新思维能力的发展受阻，思维模式固化；最后，传统教学过于重视教师的教学能力，从而忽略了教师的职业素养的提升。

二、信息技术时代教育教学发展新要求

为了促进教育信息化发展，使教育适应现代化社会的需求，2018年4月教育部发布了《教育信息化2.0行动计划》，为我国高校未来教育信息化的发展指明了方向。2019年，李克强总理在十三届全国人大二次会议上作的政府工作报告中指出，"要发展更加公平有质量的教育，发展'互联网+教育'，促进优质资源共享"①。《教育部关于实施卓越教师培养计划2.0的意见》也明确提出，"要深化信息技术推动教学改革。推动人工智能、智慧学习环境等新技术与教师教育课程全方位融合，充分利用虚拟现实、增强现实和混合现实等，建设开发交互性、情境化的教师教育课程资源"②。随着科学技术的飞速发展，社会生活方式发生了很多改变，这不仅对学生的学习方式产生了巨大的影响，同时也给教师带来了新的挑战。互联网技术所带来的新兴信息技术大大降低了信息传播的成本，拓宽了学生的信息来源渠道，学生通过互联网随时随地都可以获取海量优质多媒体教学资源。信息技术的普及、教学资

① 李克强. 政府工作报告——2019年3月5日在第十三届全国人民代表大会第二次会议上 [R]. 北京：人民出版社，2019.

② https://baike.baidu.com/item/教育部关于实施卓越教师培养计划2.0的意见/22929810? fr=aladdin.

源的日趋优化与丰富以及开放共享等特点为混合式教育教学实践提供了技术基础、创造了良好的物质条件，另外教学改革的大力加强以及教师信息化教学能力的提升为混合式教学提供了稳定的内部环境。教学的重心逐渐从教师发挥主导作用传授基础知识与技能，转向学生探索更适用于现实复杂情境的新知识。

三、混合式教学为研究生羽毛球高阶学习提供了可行路径

国务院发布的《国家教育事业发展"十三五"规划》指出，"全力推动信息技术与教育教学深度融合，利用翻转课堂、混合式教学等多种方式用好优质数字资源"①，要形成线上线下有机结合的网络化泛在学习新模式。教育部关于《加强高等学校在线开放课程建设应用与管理的意见》提出，"鼓励高校结合本校人才培养目标和需求，通过在线学习、在线学习与课堂教学相结合等多种方式应用在线开放课程，不断创新校内、校际课程共享与应用模式"②。教育部出台的《2016年教育信息化工作要点》中提出，"指导高校利用在线开放课程探索翻转课堂、混合式教学等教学方式改革"。目前教育背景下，教育改革中最需要解决的问题之一就是提升课堂教育质量。课堂是教育的主战场，是联系学生与民族未来的纽带，只有抓住课堂，教育变革才能真正取得实效。混合式教学综合了线上与线下教学方式的优势，突破了单纯采用线上或线下教学方式的局限，发展成学生进行有意义学习的新教学方式，也为羽毛球高阶学习提供了可行路径，目前有很多高校的体育教师采用在线教

---

① 中华人民共和国国务院. 国务院关于印发国家教育事业发展"十三五"规划的通知. [EB/OL] http：//www.moe.gov.cn/jyb_xxgk/moe_1777/moe_1778/201701/t20170119_295319.html，2017-01-10.

② 中华人民共和国教育部. 教育部关于加强高等学习在线开放课程建设应用与管理的意见. [EB/OL] http：//old.moe.gov.cn/publicfiles/business/htmlfiles/moe/s7056/201504/186490.html，2015-04-13.

学平台在体育教学课堂中开展混合式教学，促进各校优质资源在羽毛球教学中的深入应用。后疫情时代线上线下相结合的混合式教学成为高校的常态，混合式教学也成为教师开展教学改革和创新的主旋律，从而拓宽了学生羽毛球高阶学习的路径。

第二节　研究目的

　　线上学习与传统的面授课堂教学相结合的混合式教学已在高等教育领域深入发展并被广泛应用。本研究通过对比传统教学法和混合式教学法在研究生羽毛球教学中学生的学习效果，分析混合式教学与羽毛球教学结合的实施效果和主要的影响因素，从而为提升混合式教学质量提出建议。

第三节　研究内容

　　本研究以混合式教学法为出发点，调查研究生羽毛球教学中混合式教学实施效果现状，厘清影响实施效果的因素，提出提高混合式教学效果的建议措施。具体包括以下内容：

　　1. 文献梳理

　　对传统教学法研究、羽毛球教学研究、混合式教学研究进行详尽的梳理与归纳。结合混合式教学的理论基础及相关文献对研究生羽毛球混合式教学进行教育实践研究，并围绕研究结果进行分析与讨论。

　　2. 调研现状

　　结合文献，以及对部分高等教育信息化教学研究专家、大学羽毛球教师的访谈，构建研究生羽毛球混合式教学中教学实验指标，基于实验内容编制问卷和访谈提纲，以目前高校体育学科方面混合式教学现状为案例，为进一步思考奠定基础。

3. 厘清问题

对实验结果所获得的量化和质性数据进行分析、归纳和对照，总结目前研究生羽毛球混合式教学法的应用现状和教学效果，以及影响混合式教学实施效果的内在因素和外部因素，为后面提出建议提供数据支撑。

4. 提出建议

根据教学实践结果为研究生羽毛球混合式教学的进一步发展提出建议，以期对羽毛球混合式教学实践起到一定的指导作用。

第四节 选题意义

一、理论意义

1. 随着信息化时代的到来，传统的羽毛球教学面临巨大的挑战，人们对羽毛球教学的教学效果的提升理念发生了些许变化，因此，羽毛球教学的发展途径有待进一步深入发掘。本书尝试将混合式教学结合羽毛球教学过程进行教学实践研究，对现有的羽毛球教学研究起到一定的补充、延伸和拓展作用，从而完善和丰富混合式教学法在羽毛球教学中的理论研究，充实羽毛球教学在微观层面和操作层面上的内容，同时也为今后的羽毛球混合式教学实践提供一定的理论参考。

2. 混合式教学是对信息与科学技术的深入应用，体现信息和科学技术与课程深入融合的理念，在高等教学领域被广泛应用。研究生羽毛球教学改革的重点也要紧跟时代发展，走信息化、科技化的教学道路，使信息和科学技术与教育教学深度融合并形成兼容适合性和有效性的新教学模式。本研究探讨研究生羽毛球混合式教学如何发挥最大优势并有效运行，以及混合式教学法在羽毛球课堂教学中的作用，这些研究能对混合式教学研究的发展起到推动作用。

3. 混合式教学的实施与发展，使得混合教学能力成为教师专业和职业发展非常重要的组成部分。本研究从学生学习效果视角探讨混合式教学的实施效果，丰富了信息化时代对教师和学生发展问题的探析。

二、实际意义

1. 混合式教学法将线上课堂和线下课堂的优势进行有效的整合，丰富教学资源，改革教学方法，提高学习效率，确保学习效果。通过混合式羽毛球教学法的运用，在进行混合式教学的过程中，教师在课堂中通过对学生的引导、启发和监督，让学生在课堂中自发思考羽毛球技术动作的要领和重难点，让学生更好地理解和掌握所学到的专业知识与技能，培养学生自主学习的能力。另外，混合式教学法不仅可以提高教学效果，最重要的是明确了学生在课堂上的主体地位。

2. 随着信息时代的来临，一种新的教学方法——混合式教学法出现了，目前，它在我国的发展处于初步阶段。本研究希望混合式教学能够受到更多学者的关注，为混合式教学的发展作出力所能及的贡献，同时优化传统羽毛球教学策略。

第二章　国内外相关文献综述

第一节　相关概念解析

一、教学方法

教学方法作为教学中不可缺少的一部分，不同的学者有不同的说法。从广义来说，教学方法可以被定义为师生为达到一定的教学目标而采取的相互关联的内隐和外显的动作体系[①]。从狭义上来说，许多学者将教学方法定义为教师的教法，而后，随着教育学的发展，大家对教学方法的研究越来越深入，对教学方法的定义也越来越丰富。国外对教学方法定义有教育家巴拉洛夫的"教法是指师生通过理论与实际认知的方式来实现教化工作"[②]，苏联学者巴班斯基将教学方法定义为"把教养、教育和发展等工作作为一种有顺序地实现活动的方式，在教学过程中必须坚持最优化的理论实践，教师和学生才能在最短的时间内达到最

---

① 唐文中. 教学论 [M]. 哈尔滨：黑龙江教育出版社，1990：199.
② ［苏］巴拉诺夫，等. 教育学 [M]. 北京：人民教育出版社，1980：164.

7

佳学习效果"①。《教学原理》中佐藤正夫指出"教学方法是一个系统的概念，佐藤正夫将教学方法的本质看作是处于教学目标、内容以及方法关系的范畴中，必须在构成一切教育学现象的关系之中进行研究"②。他强调教学方法是教学中教师如何传授教学内容、教材，以及学生掌握所教授的内容时应采取的方法。

我国学者对于教学方法的定义也非常丰富。彭永渭认为教学方法是教师和学生为完成教学任务、实现教学目的采用的工作方式或手段③。关胜霞在《教学论教程》中提到，"教师为了完成教学任务，实现教学目的而采取的一系列方式或者手段，称为教学方法"④。顾明远撰写的《教育大辞典》中定义的教学方法是："师生在教学活动中为达到教学任务所采用的教学方式、途径、手段，称之为教学方法。"⑤ 商继宗主编的《教学方法现代化的研究》中定义的教学方法是："教师和学生在教学过程中为解决教养、教育和发展任务而展开有秩序的、相互联系的活动的办法。"⑥ 王道俊、王汉澜定义的教学方法为："为了完成制定的教学计划或任务所用到的方式方法，是教学活动中教师为了引导学生学习知识和技能、进行教育活动的手段。"⑦ 李秉德则认为教学方法是在教学过程中，教师和学生为实现教学目的、完成教学任务而采取的教与学相互作用的活动方式的总称⑧。《中国大百科全书·教育》一书中将教学方法定义为："教学方法是师生在完成教学任务的过程中共同采取

① ［苏］巴班斯基著. 教学教育过程最优化——方法论原理 ［M］. 赵维贤，译. 北京：人民教育出版社，1985：207.
② ［日］佐藤正夫. 教学原理 ［M］. 北京：教育科学出版社，2006：286—288.
③ 彭永渭. 教学论新编 ［M］. 沈阳：辽宁教育出版社，1986：139.
④ 关胜霞. 教学论教程 ［M］. 西安：陕西师范大学出版社，1987：196.
⑤ 顾明远. 教育大辞典 ［M］. 上海：上海教育出版社，1998.
⑥ 商继宗. 教学方法现代化的研究 ［M］. 上海：华东师范大学出版社，2001：4.
⑦ 王道俊，王汉澜. 教育学 ［M］. 北京：人民教育出版社，2001：244—245.
⑧ 李秉德. 教学论 ［M］. 北京：人民教育出版社，2004：183.

的一定手段。包括了教师教学的方法、手段，也包括了学习学习的方法、手段。"① 常敏在研究中总结到教学方法是指在教学过程中，为实现教学目的、完成教学内容、选取教学手段而进行的，由教学原则指导的，师生相互作用的活动②。

综合各学者对教学方法的解释可以总结出，大家对于教学方法的诠释是从教师和学生两个角度来进行的，教师和学生两个主体是对立统一的，教学方法没有优劣之分，只是在不同的时代背景下，不同的群体或是不同的教学情境中的表现方式有所不同。笔者认为，教学方法是为了完成教学任务以及达到教育目的，根据学生的实际情况所采用的途径、手段、办法，它包含了教师的教法、学生的学法，是教师在教学过程中通过合理的引导使学生更好地掌握知识与技能，提高学生学习积极性与主动性，进而获得身心共同发展的行为方式的总称。

二、羽毛球教学法

戚明明指出，羽毛球教学是教师有目的、有计划、有组织地引导学生学习和掌握羽毛球知识和技能，促进学生身体素质提高与羽毛球文化知识和技术的掌握③。有学者根据"羽毛球"和"教学"的定义归纳出羽毛球教学的概念为："羽毛球教学就是有一定能力教的人指导学的人进行羽毛球运动学习的一项活动。"④ 刘洪波依据教学的定义，将羽毛球教学定义为："在羽毛球课堂环境下教师将羽毛球相关的基础知识和技能有目的、有组织、有计划地教授给学生，使学生能够掌握一定的

---

① 朱五一. 普通高校篮球选修课运用领会教学法的实验研究 [D]. 苏州大学，2008：3.
② 常敏. 领会教学法在羽毛球教学中的应用效果研究 [D]. 陕西师范大学，2018.
③ 戚明明. 游戏教学法对小学生体育学习影响的实验研究 [D]. 华东师范大学，2011.
④ 付晚晚. MOOC 在羽毛球教学中的应用研究 [D]. 首都体育学院，2016.

羽毛球知识与技能的一种教学活动。"① 郝晗龙指出，羽毛球教学是在学生和老师的共同参与下，老师有目的、有计划地组织羽毛球相关教学内容，学生与老师进行课堂互动，积极学习老师所传授的理论知识和运动技能，教师按照教学大纲的要求使学生掌握羽毛球专项知识和技能②。

综上所述，羽毛球教学法是指在羽毛球课堂教学中，为了提高学生羽毛球运动水平、完成课堂教学任务、实现科学教学目的，教师通过各种教学途径、手段以及组织形式来传授学生羽毛球知识和技战术的活动方式的总称。

三、传统教学法

陈玉敏认为传统教学法是指以学生掌握基本技术、战术为主要的教学任务，教师采用先讲解示范动作要领，然后让学生进行练习或者是边讲解边练习为主的教学法。传统教学主要是教会学生"三基"（知识与技能、过程与方法、情感态度与价值观）就完成教学任务，以教师为中心，以运动技术的学习为直接的教学目的③。白微认为，传统教学法指使学生掌握基本技术、战术为主要教学任务，教师采用讲解示范动作要领，学生再练习或边讲解边练习为主的教学方法。传统教学主要是教会学生"三基"，完成教学任务，以教师为中心，以运动技术的学习为

---

① 刘洪波．体育游戏教学法对儿童羽毛球学习影响的研究［D］．北京体育大学，2017．

② 郝晗龙．循环训练法在高校体育教育专业羽毛球教学中的应用研究［D］．辽宁师范大学，2020．

③ 陈玉敏，梁亚强．"比赛教学法"与"传统教学法"的对比分析［J］．九江师专学报，2003（6）．

直接的教学目的①。龙倩认为传统教学法以"呈现—操练—输出（PPP）"为主，是一种传统的以产出为特征的教学法，传统教学法主要采用演绎法教学，在传统教学法中单一式的机械操练居多②。李金蝉认为，传统教学论的理论体系主要来源于西方的以夸美纽斯、赫尔巴特等教育家为代表的教学思想和来自苏联的以教育家凯洛夫为代表的教学理念。这种教学思想或理论体系主张：教学是教师的主要任务，学习是学生的主要任务，学生掌握知识和提高技能的主要途径是课堂学习。因此，一般来说人们认为传统教学就是以教师、课堂和书本知识为中心的"三中心"教学论③。贾雪认为，传统讲授的教学模式是以授课为基础的教学，即教师提前备课、准备教案，向学生全程系统地授课，是"灌输式"教学的典型方法④。郭建明认为，传统教学法在一定程度上受到了苏联教育学家凯洛夫的思想的影响，学生技能学习首先是通过一般准备活动和专项准备活动；其次，教师进行示范讲解；再次，在学生自主练习的过程中教师进行指导和纠错；最后，依靠学生自主复习来实现。在不同技术的学习中，这种教学模式都能适用⑤。李晨晨认为，传统教学是填鸭式的教学，在教学过程中，教师是课堂的中心且处于主导地位，通常是教师教什么，学生就学什么，学生只能在教师的计划下按部就班地被动学习技能以及吸收理论知识。这种枯燥乏味的教学模式不仅难以激发学生的学习兴趣，还会使学生思维固化，发散性思维能力的

① 白微．普通高校篮球教学传统教学法与比赛教学法的实验研究［J］．沈阳体育学院学报，2007（2）．
② 龙倩．情境教学法和传统教学法的实验对比研究［D］．湖南师范大学，2016．
③ 李金婵．高校拉丁舞教学中程序教学法与传统教学法应用效果的对比研究［D］．陕西师范大学，2017．
④ 贾雪，曾雯，张琴，程春燕．Seminar教学法与传统讲授教学法对国内临床医学生教学效果的系统评价［J］．华西医学，2018，33（3）．
⑤ 郭建明．程序教学法在排球基本技术教学中的实验研究［D］．广州体育学院，2018．

发展受阻①。李明岩认为，传统教学法是一种单向性教授方法，教师主动的教和学生被动的学是其最鲜明的特点。虽然传统教学法明确了教师的主导地位，但是却忽略了学生作为课堂主体，他们会对学习产生反感，会因为厌倦学习而不想思考，不理解的知识也不愿被提问②。

综上所述，传统教学法具有形式单一、模式僵化等特征，它只是为了完成教学任务，达到教学目的。在传统课堂教学中，教师通过讲解示范，再让学生进行练习，课堂中教师占据主导地位，并缺乏对学生的个体差异和心理活动的关注；学生处于被动地位，被动地接受教师传授的知识与经验，学生难以发挥自身的主观能动性，从而逐渐失去学习兴趣。久而久之，会导致课堂氛围变差，师生交流减少，这不仅阻碍了学生自主学习能力的发展与提高，还会使思维的发展受阻，从而导致教学效果越来越差。

四、混合式教学法

混合式教学模式起源于企业培训，随后被引入教育领域，也有人将其称之为混合式学习（Blended Learning），国内外专家对其概念界定有些许不同的看法。

在国外研究中，"Hybrid Learning""Flexible Learning""Blended Learning"，都有着混合式学习的含义。Pumiena Vahaithan 认为，混合式教学是为学习者制定特定的学习计划，同时使教师与学生能够通过线上面对面的形式进行教学活动的一种新型教学方式③。Margaret Driscoll 将

---

① 李晨晨. 多元反馈教学法在高校体育专业羽毛球教学中的实验研究［D］. 山西大学，2019.

② 李明岩. 多元反馈教学法在青少年网球教学中的应用研究［D］. 北京体育大学，2019.

③ Purning Valiathan. Blended Learning Modes. Http：//www. learning Circuits. Org，2002.

混合式教学的含义分为四种：第一种是将多种 Web 技术进行混合来完成教学任务，第二种是指将线上教学与传统教学进行混合来变革教学模式，第三种是指将不同教学方法进行混合来提升教学效果，第四种是指根据实际教学的不同进行不同教学与不同方法的混合①。Bonk 和 Graham 在《混合学习手册》中对"混合式教学"下了定义，他们认为，混合式教学实际上就是一种集合了面授教学与多种技术媒介的教学的新的教学形式，学者们还提出了混合式教学的实施框架，他们认为混合式教学的实施包括三个关键要素：策略（Strategy）、结构（Structure）、支持（Support）②。Nguyen boai Nam 指出，"Blended Learning"是一种灵活的课程设计方法，支持融合不同时间和学习地点③。2002 年，印度公司 NIIT 在美国培训与发展协会网站上发表的《Blended-Learning 白皮书》将混合式教学界定为一种包括面对面、实时的 E-Learning 和自定步调的教学方式。很多情况下，混合式教学也被用来描述多类传输媒体、智能学习导师和多类技术的混合应用。Alfred P. Sloan 基金在 2004 年的时候资助了一个混合式教学的工作坊，工作坊的重要议题之一就是对混合式教学进行定义，参会者经过深入讨论，对混合式教学最宽泛的定义为：面授课堂与技术的混合④。美国印第安纳大学柯蒂斯·邦克教授在他编著的《混合学习手册》中将"Blended Learning"界定为面对

---

① Driscoll M. Blended Learning：Let's get beyond the hype ［EB/OL］. http：//www. e-learning mag. com （2002, March 1）.

② Bonk C J, Graham C R. The handbook of blended learning：Global perspectives, local designs ［M］. San Francisco：Pfeiffer Publishing, 2006, 3-21.

③ Nguyen Hoai Nam, Vu Thai Giang, Vu Dang Luat. B－LEARNING ISSUES：A SUGGESTION FOR DEVELOPING THE FRAMEWORK ［J］. Educational Sci. 2016, 61 （11）.

④ Picciano, A. G. Blending with purpose：The multimodal model ［J］. Journal of asynchronous learning networks, 2009, 13 （1）.

面学习和计算机辅助的在线学习的结合①。Michael 则是从教师的角度，将混合式教学定义为是教师利用一切有价值、有意义的资源来实现教学目标的一种方式②。

在国内研究中，何克抗教授认为 Blending Learning 或 Blended Learning 的含义就是混合式学习或结合式学习，即各种学习方式的结合。混合式学习就是要把传统学习方法的优势和数字化或网络化学习的优势结合起来，混合式教学法既要发挥教师在教学过程中的主导作用，又要充分体现学生在学习过程中的主动性。北京师范大学黄荣怀教授曾在其所著的《混合式学习的理论与实践》中将上混合式学习定义为："混合学习理论的核心在于'适当的'时间对'适当的'人，采用'适当的'学习技术，为适应'适当的'学习风格而传递'适当的'技能来优化与学习目标对应的学业成就。"③ 上海师范大学黎加厚教授将"混合式教学"定义为"融合性学习"，指教师通过借助教学媒体、教学模式、教学技术、教学方法和教学策略之间的优化选择及合理组合运用，以提高教学质量、获得最佳学习效果、促进学生学习最终达到教学目的④。李克东教授认为，混合学习是传统面授教学与网络线上学习的有机结合，是一种依靠面授与网络两种学习模式的优势来对教和学的过程进行再构建的教学理念和策略。其核心思想是在教学过程，要根据不同的问题任务运用不同的媒体与信息传递方式解决问题，而且这种方

① 石晓玲．"网络教学平台+课堂"的整合型语教学模式研究［J］．疯狂英语（教师版），2012（3）．
② 迈克尔·霍恩，希瑟·斯特克．混合式学习［M］．北京：机械工业出版社，2015．
③ 赵丽娟．从大学英语教学透视 Blending-Learning［J］．电化教育研究，2004，25（11）．
④ 黎加厚．关于"Blending Learning"的定义和翻译［EB/OL］．http：//www.jeast.net/jiahou/archives/0006 18.html，2004．

式力求付出最小的代价，获得最大得效益①。张其亮、王爱春学者在研究中将混合式教学的含义理解为：教学形式上是传统面对面教学与网络教学的结合；教学技术上是基于 Web 技术，结合视频、音频、图形、动画等多种多媒体技术；教学手段上是传统教学手段与信息技术手段的结合；教学目标上来看是充分发挥教师的主导作用与尊重学生的主体地位，以达到最佳的教学效果；教学评价上是过程评价、结果评价等多种评价方式的结合②。

目前学界普遍认为混合式教学是面对面学习和在线学习两部分的结合。对混合式教学的界定也主要从以下三个角度出发。

第一，只强调核心成分。许多研究者仅仅从最核心部分定义混合式教学，即混合式教学只包含在线学习和面对面学习两种因素。如 Rovai 认为，如果把位于完全面对面教学和完全在线学习之间的任何一种模式当作是混合式教学，那么这种界定过于宽广。如学者 Graham 将混合式教学理解为面对面课堂教学和在线学习的结合。还有学者认为将混合式教学定义为面授教学和在线教学的结合是不够充分的，这样会使很多教师认为只需要在传统的教学中融入一点线上教学就可以当作是混合式教学。

第二，关注面对面的课堂教学是否部分被在线学习取代。一些研究者认为，混合式教学不仅仅是在传统教学过程中融入网络技术，面授时间的减少应该作为定义混合式教学的因素之一。美国 Alfred P. Sloan 基金所赞助的混合式教学工作坊，在举行第二届的时候重新定义了混合式教学，认为混合式教学是部分面授时间由在线活动代替的教学模式。还有学者认为，混合式教学是学生将一部分时间用来课堂教学，另外一部

---

① 李克东，赵建华. 混合式学习的原理与应用模式 [J]. 电化教育研究，2004（7）.
② 张其亮，王爱春. 基于"翻转课堂"的新型混合式教学模式研究 [J]. 现代教育技术，2014，24（4）.

分时间用来进行在线学习，在线学习这部分时间应由学生对自己的学习进行自主控制。

第三，关注线上学习和课堂教学时间的占比。根据在线学习和课堂面授教学时间占比不同可将混合式教学大致分为三种类型：第一种是网络辅助型，该类型的线上学习的时间只占约25%，这种类型跟其他类型相比网络使用率最少，如发布通知、公告或者附加少量的网络学习资源等。第二种是混合型，该类型线上学习时间不超过45%被视为混合型，超过45%但低于80%被视为融合型。如使用 BLACKBORD 讲解课程大纲或在线进行作业讲解等大量教学内容在线上进行。第三种是在线型，该类型的线上教学时间占比大于80%。这种教学活动一般没有面授环节。

综上所述，本书将混合式教学定义为，结合传统课堂教学中教师的引导与监督和线上教学的便捷与个性化，开展的适用于教师教学和学生学习的教学过程。在教学过程中，主要是学生积极主动的自主思考，而教师只发挥帮助与引导的作用，逐渐提高学生的自主学习能力，为学生的主动学习和个性化学习打造一个良好的环境，充分体现学生的主体地位。但是学生们的身体素质、体能、技术和战术存在较大的差异，这对羽毛球教师的教学提出很高的要求。教师需要采用多样化的教学方法来维持与提高学生对技能学习的兴趣与主动性，针对不同学段和不同水平层次的学生采用最适合的教学方法，力求获得更好的教学效果。随着羽毛球运动逐渐受到大学生的欢迎，许多专家也对羽毛球教学做了很多的相关性研究。

第二节 国内相关文献研究综述

一、羽毛球教学

羽毛球是一项极具魅力的运动项目，我国是世界上的羽毛球强国之一，由于我国对于羽毛球运动的支持和重视，使神州大地诞生了诸多的世界级羽毛球运动员，这不仅推动了羽毛球在国内的普及，还让大众越来越喜欢羽毛球运动。随着羽毛球运动的广泛推广，关于羽毛球运动的教学方法开始如雨后春笋般涌现出来，这不仅对于羽毛球教学的推广产生了巨大的影响，还对羽毛球人才的培养具有重要的作用。由于学生们的身体素质、体能、技术和战术存在较大的差异，这对羽毛球教师的教学提出很高的要求。教师需要采用多样化的教学方法来保持学生技能学习的热情和积极性，针对不同年龄阶段和不同水平层次的学生采用最适合的教学方法，力求获得更好的教学效果。目前，羽毛球教学方法虽然众多，但并不是每一种教学方法都适用于不同年龄段、不同学历层次的学生。我国对羽毛球教学的研究主要集中于高校的体育专业的羽毛球专修课、体育选修课和中小学的体育课堂，但是关于研究生羽毛球教学的研究较少。樊林华和李丹学者对近 10 年（2011—2021 年）国内外羽毛球教学相关的实证研究进行了梳理分析并总结归纳出：当前，国内外将教学法与羽毛球教学设计两方面作为研究重点（其中羽毛球教学方法和策略最多）；随着信息技术的发展，近几年针对信息技术与羽毛球教学融合的研究逐渐增多；大学是进行羽毛球教学选择的主要阶段，且大部分羽毛球教学研究主要针对 60 人以下的小研究样本开展少于 8 周的短期实证研究；针对羽毛球教学的实践研究的主要数据来自羽毛球技能测试和比赛（所占数据最多）、问卷调查、录像等。针对研究结果类型，大部分研究从学生的羽毛球战术能力、体能、学习动机与学习兴趣等方面衡量羽毛球教学的效果①。

1. 高校羽毛球教学现状的研究

翁林在《高校羽毛球运动发展现状与对策》中指出羽毛球运动已成为高校主流选修课程之一，我国高校羽毛球运动受地区经济的影响发展不平衡，高校高水平的羽毛球运动员少，高水平教练员也相对缺乏等②。吴宏江、王剑在对高校羽毛球步法教学的研究中指出，在进行步法教学时要以循序渐进为教学原则，步法的教学应结合手法教学，要以分解步法教学为基础，循序渐进地过渡到组合步法，在教学中还要注意技术与身体素质之间的联系③。王宏俊在《辽宁省普通高校羽毛球教学现状及发展对策研究》中指出，目前辽宁省普通高校羽毛球教学课时较少，羽毛球教师队伍平均年龄较低，教师性别比例差较大，羽毛球教师科研水平较低及教研能力较弱④。王云玲在研究中指出，湖北省高校羽毛球选修课的教学课时偏少，羽毛球课的班容量也不够合理，人数偏多，各高校之间的羽毛球比赛与交流较少⑤。王立宁在《长春市高校羽毛球课教学现状及发展对策研究》中指出，长春市高校没有专业的羽毛球教师队伍，教师总体教研水平低，教学课时安排不够合理，羽毛球教学内容陈旧单一，考核制度不科学。另外，长春市的羽毛球场地分布

---

① 樊林华，李丹. 近十年国内外羽毛球教学研究最新进展及启示——基于 2011—2021 年 29 篇文献的系统性文献综述法 [J]. 武汉体育学院学报，2022, 56 (2).

② 翁林. 高校羽毛球运动发展现状与对策 [J]. 广西民族学院学报，2005 (8).

③ 吴宏江，王剑. 羽毛球步法教学研究 [J]. 天中学刊，2003 (5).

④ 王宏俊. 辽宁省普通高校羽毛球教学现状及发展对策研究 [D]. 东北师范大学，2006.

⑤ 王云玲. 湖北省普通高校羽毛球运动开展现状及发展对策研究 [D]. 辽宁师范大学，2008.

不均，标准场地数量与基础设施不能满足教学需要①。梅婷在《山西省高校体育教育专业羽毛球普修课教学现状分析研究》中指出，山西省各高校羽毛球普修课课时量存在显著差异，导致各高校羽毛球存在教学发展不平衡的情况，另外各学校体育院系羽毛球教学内容存在偏重技术（技战术的掌握）及轻理论知识的问题，其考核内容也不够全面，评价方法比较单一，整体上看专业羽毛球教师严重不足，师资力量匮乏②。李崇敏在对陕西省普通高校羽毛球专项课开展的研究中指出，部分高校存在场馆设施不足、教师师资匮乏、考核形式不够全面、教学上重技术轻理论的问题③。柴承军在对上海市部分高校羽毛球教学现状研究中指出，部分高校存在课时较短、教学内容枯燥、教学方法和手段较为单调、场地器材等资源无法满足羽毛球实际教学需要等问题，学生对教师羽毛球教学手段、方法的总体评价满意度不高④。学者关祥伟通过调查高校羽毛球的教学现状，指出目前的羽毛球教学中普遍存在以下几个问题：一是分层方法的运用不充分；二是缺乏专业的教师；三是羽毛球场地设施等不充足；四是羽毛球校内外竞赛较少。学者针对出现的问题也提出了相关建议如进行羽毛球教学内容的完善和调整，结合多媒体技术，创新教学方法，提高羽毛球教学的专业水平以及开展丰富多样的羽毛球竞赛⑤。侯小龙在《北京市大众羽毛球教学现状研究》中指出，北京市大众羽毛球教练员分布不均衡，所以羽毛球教学地域也不平衡。大

---

① 王立宁. 长春市高校羽毛球课教学现状及发展对策研究［D］. 东北师范大学，2009.
② 梅婷. 山西省高校体育教育专业羽毛球普修课教学现状分析研究［D］. 山西大学，2011.
③ 李崇敏. 陕西省普通高校体育教育专业羽毛球专修课的开展现状及对策研究［D］. 西安体育学院，2012.
④ 柴承军. 上海市部分普通高校羽毛球教学现状研究［D］. 上海体育学院，2014.
⑤ 关祥伟. 高校羽毛球教学现状及发展策略研究［J］. 中国教育学刊，2015（S2）.

部分教练员比较年轻，中青年占大多数且为在校学生，教练员的专业化水平较高。在教学内容方面，羽毛球的手法、步法与战术是大部分教练员教学的重点，但是，大部分教练对专项身体素质和专项心理素质的教学与训练较少①。赵志强指出羽毛球运动在高校体育运动开展中存在场地设施落后、学生对羽毛球的认识及技术水平参差不齐、课程设置不科学、教学组织形式传统单一、缺乏专业的教练员等问题②。彭冉在《上海市部分普通高校羽毛球选项课教学现状与发展对策研究》中指出，上海市部分普通高校羽毛球选项课学生羽毛球学习兴趣浓厚，积极性和主动性较高，但学生的整体技术水平较低。另外，上海市各高校的羽毛球的课程设置有较大差异，大部分羽毛球课存在课时较短、教学内容单一、教学方法死板的问题。在羽毛球教师方面，基本缺乏高水平教师，在任的教师的教学与科研能力不足，其学校对羽毛球教师的培训工作也不够到位③。王雯娴在《苏锡常地区普通本科院校羽毛球选项课教学现状及对策研究》中指出，苏锡常地区本科院校制定的羽毛球选项课的教学大纲适用性较强且有自编的校本教材，教师执行教学大纲情况整体不错。另外，大部分羽毛球教师能正确地把握羽毛球技术的重难点以及技能形成规律，同时，注重学生羽毛球技战术运用能力的培育，但是教师在教学过程中所使用的教学方法与教学策略比较简单枯燥，缺乏新教学方法的运用能力④。田子彬在《新乡市高校公共体育羽毛球课教学现状与对策研究》中指出，新乡市高校大部分领导对羽毛球教学不够重视，虽然学生羽毛球学习兴趣高，但基本知识与技能较差，学校羽毛球

---

① 侯小龙. 北京市大众羽毛球教学现状研究 [D]. 首都体育学院，2015.
② 赵志强. 高校羽毛球教学现状及建议 [J]. 中国教育学刊，2015 (S1).
③ 彭冉. 上海市部分普通高校羽毛球选项课教学现状与发展对策研究 [D]. 上海师范大学，2016.
④ 王雯娴. 苏锡常地区普通本科院校羽毛球选项课教学现状及对策研究 [D]. 苏州大学，2016.

选修课受年级层次限制，不利于对学生因材施教。另外，羽毛球课时安排少，学生所能习得的知识较少，缺乏专业的羽毛球教师，教师的教学能力有待提升，各高校之间的羽毛球比赛较少①。范海飞在其研究中指出，影响少数民族地区普通高校羽毛球开展的因素包括：学校对羽毛球教学不够重视，对羽毛球运动相关知识宣传不到位，学校的羽毛球场地严重不足，羽毛球社团活动缺乏专业教师指导，社团活动体制不健全，赛事活动太少②。

2. 羽毛球教学过程相关探讨

如马行风对普通高校羽毛球教学进行了实效性探讨，并提出在羽毛球教学中可采用分组教学法提高学生学习主动性与积极性；重视羽毛球课后辅导，让学生进行课外练习，加强技术动作的巩固与理解；采用多媒体来辅助羽毛球教学，进行技术动作的演示，帮助学生形成表象；在教学中加强羽毛球规则和裁判法的教学，使学生对羽毛球运动有全面的认识；改革考试评价制度，对学生进行全面评价③。谢耀良对上海理工大学学生进行了羽毛球教学实验，实验内容为如何让学生掌握羽毛球技术要领、完善技术动作、提高竞技水平，如何在教学中培养学生的学习兴趣以及促进学生终身体育理念的养成，作者希望通过实证研究来促进更多高校开设羽毛球教学课，以便进一步提高羽毛球教学质量。谢耀良针对教学实践提出了建议，如增加羽毛球比赛，延长自由锻炼时间；利用多媒体进行教学，丰富教学手段，增加师生互动；对成绩差的学生进

---

① 田子彬. 新乡市高校公共体育羽毛球课教学现状与对策研究 [D]. 广西师范大学，2017.

② 范海飞. 少数民族地区普通高校羽毛球开展现状调查研究 [D]. 哈尔滨体育学院，2019.

③ 马行风. 普通高校羽毛球教学实效性探讨 [J]. 福建体育科技，2004（6）.

行鼓励教育，提高其自我效能感①。陈㭎在研究中指出羽毛球运动因其健身性和娱乐性，现已被当代女大学生视为锻炼身体的最佳选择，为了提高羽毛球教学效果，提出教师把握好女生生理和心理特点，引导并激发其羽毛球运动兴趣，同时要运用多种教学组织形式和教法，调动女生学习的积极②。郭萍在研究中针对专科院校羽毛球教学中的步伐教学和训练中存在的问题进行了探讨和分析，并针对所存在问题提出了改进方法③。如孟文涛在研究中从羽毛球教学内容、羽毛球教学特点、羽毛球教学方法三方面进行了羽毛球教学的分析，并总结出羽毛球教学内容可以分为基础内容、主要内容和介绍内容；羽毛球教学特点包括普及率较低、学生基础水平差、教学内容繁杂且难以全面掌握、有着较大的学习难度、学生进步缓慢、练习方法具有多样性等；羽毛球教学方法包括单项手法教学、羽毛球步法技术教学以及羽毛球综合技术的教学④。张辉对新形势下的高校羽毛球教学新思路进行了探究，他在研究中分析了高校羽毛球的现状并提出新形势下羽毛球教学新思路包括完善羽毛球教学机制、加强师资队伍建设、加大羽毛球运动的宣传力度等⑤。李莉针对高校羽毛球教学进行创新策略研究，通过教育教学实践研究，分析目前高校羽毛球教学存在的问题（忽视学生个体差异、教学模式单一、师资力量不足），针对问题提出相关策略，如实施分层教学、关注学生的

---

① 谢耀良．普通高校羽毛球教学方法探讨［J］．上海理工大学学报（社会科学版），2005（1）．
② 陈㭎．高校女生羽毛球选项课教学探讨［J］．南京体育学院学报（自然科学版），2005，4（2）．
③ 郭萍．谈我校羽毛球步法教学训练中存在的问题及对策［J］．萍乡高等专科学校学报，2008（1）．
④ 孟文涛．普通高校羽毛球教学方法研究［D］．华东师范大学，2011．
⑤ 张辉．新形势下高校羽毛球教学的新思路［J］．湖北广播电视大学学报，2014，34（6）．

个体差异性、借助多媒体技术改进教学模式、加强师资队伍建设等①。蒋伟昌在新课程标准背景下对成都市大、中、小学羽毛球教学内容的衔接进行了探究，研究中指出在新课程标准下，成都市羽毛球教学内容主要存在以下问题：大中小学阶段章节和内容具有滞后性；各阶段教材缺乏整体性设计，导致了部分教材内容重复与脱节；构建羽毛球大中小学教学内容衔接的体系不完善②。王明波在研究中探讨了核心力量训练对于高校羽毛球教学的重要性，他指出通过核心力量训练能够提高运动员的身体素质、提高运动员技能掌握的能力、减少运动过程中的能量消耗以及能够预防运动损伤③。赵金华对羽毛球教学中的学生兴趣的培养进行总结，他指出教师在羽毛球教学中要认真备课，精心准备，要设置相关环节，增加师生、生生之间的交流互动，要善于发现学生的闪光点并积极鼓励学生。另外教师在备课的时候要精选教材，注重知识技能与实际的联系④。王丰在研究中提出，当代体育教师的羽毛球教学水平与年龄是呈正相关的，随着年龄的增长，教师的教学水平不断提高，相对于男生来说，羽毛球运动更受女生的欢迎⑤。陈莉琳等学者将集美大学羽毛球课堂教学与课程思政进行融合，在教学过程中，将体育与德育进行结合，使羽毛球课堂达到品德的隐性教育作用。他们在研究中指出，教师应根据学生的性格和认知差异性以及不同的教学情境进行教学探索，深入挖掘羽毛球教学过程中的思政元素，在学生学习基本知识与技能的同时，培养与提高学生的政治素养。同时学校要高度重视思政教育在体

---

① 李莉. 高校羽毛球教学创新策略研究 [J]. 兰州教育学院学报，2015，31 (5).

② 蒋伟昌."新课标"下成都市大、中、小学羽毛球教学内容衔接研究 [D]. 成都体育学院，2015.

③ 王明波. 核心力量训练在高校羽毛球教学中的重要性 [J]. 赤峰学院学报（自然科学版），2016，32 (15).

④ 赵金华. 浅谈羽毛球教学中学生兴趣的培养 [J]. 青少年体育，2017 (2).

⑤ 王丰. 大学羽毛球教学的现状和发展策略研究 [J]. 当代体育科技，2017，7 (2).

育教学中的深入发展，提高教师的思政教育能力，完善思政教育评价体系①。黄东亚探析了羽毛球教学中创新能力的培育路径，他指出羽毛球教学中创新能力的价值并分析了目前培养创新能力所面临的困境，提出了加强配套设施保障、因材施教及关注个体差异、增强教师技术水平和创新教学模式四条针对性的培养路径②。

综上所述，我国关于羽毛球教学现状的研究大都是关于体育专业的羽毛球课程和高校的体育羽毛球选修课程。目前，我国的羽毛球教学现状主要反映为选修课程难以引起学校和教师的重视，学校内关于羽毛球的体育活动与赛事开展较少，导致羽毛球的推广举步维艰；大多数羽毛球教学课程形式单一，传统教学形式根深蒂固，课堂氛围及活跃度不高；羽毛球教师专业水平欠缺，自身技术动作不规范，不会灵活运用羽毛球教学方法，从而导致高素质羽毛球教师队伍的缺乏；学校的场地、器材等教学环境的缺乏无法满足学生，使学生学习动机减弱；虽然关于羽毛球的教材众多，但大部分基本知识与技术动作的讲解都是一些经验之谈，其内容的范围过于广泛不切合实际，内容的深度及广度会导致难以产生良好的教学效果。因此，在高校的羽毛球教学中，应该设置明确的教学目标，并且羽毛球教师需要具有一定资历和专业水平，在课堂中需要积极与学生进行互动，关注学生的身心需求，同时学校应支持有关羽毛球的体育活动与赛事，以此增强学生对于羽毛球的学习热情。

二、羽毛球教学方法

许多研究者着眼于更好地提升羽毛球教学效果，其在研究中开始尝

---

① 陈莉琳，黄妍，杨雪红，江少平. 羽毛球课堂教学融合思政元素的研究——以集美大学体育学院羽毛球课程为例［J］. 体育科学研究，2020，24（5）.
② 黄东亚. 浅析多媒体技术在羽毛球教学中的应用［J］. 体育科技，2021，42（6）.

试使用不同的教学方法和手段，产生了许多新颖的羽毛球教学方法，在一定程度上也取得了积极的作用。

1. 羽毛球教学方法相关研究

罗育华在高校羽毛球教学课中运用了竞赛教学法与传统教学法进行了对比实验，实验结果证明以竞赛法为主要形式的教学在很大程度上激发了学生的学习兴趣以及学习的积极性，能够促进专项技能的掌握与提升；通过小组竞争能够培养学生的团结协调能力，培养学生合理竞争意识；通过竞赛能够培养学生的规则意识，帮助学生树立正确的体育价值观①。陈兰芳在研究中指出"探究式教学"是指教师在教学中提出诱导性问题，启发学生运用已有知识，通过观察、判断、思维与分析，探索事物的本质属性与内在联系，从而触类旁通，达到加速技能形成的效果。将此教学法运用到羽毛球教学中，能够充分发挥学生在课堂中的主体性和参与性，学生不但学习体育的知识、增强了体质，还有利于运动技能和方法的迁移，有利于培养协作精神，有利于促进他们个性的健康全面发展②。常毅认为"多元反馈教学法"是在控制论、信息论、系统论的基础上发展起来的。传统羽毛球教学大都是单球训练、多球训练、反复无球动作训练等，这种练习不仅枯燥乏味，还严重地降低了学生对于羽毛球的学习兴趣。而多元反馈教学法运用到羽毛球教学中，不仅能够丰富教学形式，加强学生对羽毛球理论知识的学习，改善羽毛球技术水平，增强发现、分析、解决问题的能力，还可以锻炼学生的指导教学能力③。张玉华通过实验研究指出"合作学习"教学方法，能够通过学

---

① 罗育华. 羽毛球教学中竞赛法运用的研究与实践 [J]. 广州体育学院学报，2002 (2).

② 陈兰芳. 探究式教学法在羽毛球教学中的运用与实践 [J]. 杭州师范学院学报（自然科学版），2006 (2).

③ 常毅. 多元反馈法在体育教育专业羽毛球教学中的实验研究 [D]. 东北师范大学，2007.

生之间的相互协作、相互影响、相互促进、互动作用，来达到掌握并提高学生技术动作的目的，以及有利于培养学生分析、解决问题的能力和创新能力①。赵欢在研究中指出在羽毛球教学采用"分层教学法"，针对学生因材施教，能够提高学生的学习兴趣，学生的身体素质与运动技术水平都有明显提高，分层教学法针对性较强，能够突显学生的主体地位②。刘振涛将目标设置法运用到普通高校羽毛球选修课中，总结出该教学方法可以根据学生的不同差异设置不同层次的教学目标，能够达到教学效果的最优化，学生认可自己所能接受的目标，提高了学习主动性。学习目标的设置由浅入深，能够增强学生学习的自信心，也有利于教师因材施教③。丁庆龙指出在对羽毛球教学中应用"阶梯式教学法"，不仅能激发学生的学习兴趣、强化学习动机，还能够提高技术水平、增进学生之间的交流、提高学生的沟通能力④。王文娇指出在羽毛球教学中应用"体验式教学法"，能够充分发挥学生的主体作用，并且进行针对性教学，能够有效地提高教学质量，增强学生的学习自信心，激发学生学习的主动性与积极性⑤。李鑫星通过在羽毛球教学中进行分层次合作教学实证性的教学实验，指出合作教学有助于教学中新型师生关系的建立，提高学生学习热情，还能避免部分学生自尊心受到伤害。另外，这种教学模式不仅能够提高学生的羽毛球技能，还能提高学生的学习兴

---

① 张玉华. 合作学习教学方法在体育教育专业羽毛球技术课教学中的实验分析 [J]. 体育科技文献通报，2007（8）.
② 赵欢. 分层次教学在普通高校羽毛球教学中的实验研究 [D]. 东北师范大学，2010.
③ 刘振涛. 目标设置教学法在普通高校羽毛球选项课教学中的应用研究 [D]. 哈尔滨工程大学，2012.
④ 丁庆龙. 阶梯式教学法在高校羽毛球教学中的应用研究 [J]. 鞍山师范学院学报，2013，15（6）.
⑤ 王文娇. "体验式教学法"在羽毛球教学中的应用研究 [D]. 沈阳体育学院，2013.

趣，加速养成终身体育意识，培养合作精神、竞争意识等体育品质①。宋占钦通过课堂教学观察、访谈、考核等实证方法，对发现式教学法在高校羽毛球教学中的运用进行了研究，结果表明该教学法比传统的教学方法更容易让学生快速掌握基本运动技术，能够培养学生自主探究的学习品质，激发学生的求知欲与学习兴趣②。王幸新在羽毛球教学中运用技术链组合教学法的教学实验，根据不同的组合特点设计了"前进链""后退链""进攻链"羽毛球组合教学法，其研究结果显示实验组在技术链组合教学法和考评方式相同的情况下，技术动作的规范度和击球质量明显高于对照组，证明了相对于传统的羽毛球教学方法，羽毛球技术链组合教学法更有利于实现羽毛球教学和学生学习的最优化效果③。陈琦通过情境教学法在高校羽毛球选修课教学中的实验研究，指出在技术动作相对复杂的教学中，情境教学法比常规教学法具有优势，情境教学法使学生更容易掌握动作技能。情境教学法更加注重创设适宜课堂场景，通过增加课堂教学的趣味性，引导学生主动学习，使学生在特定的情境中能够运用发散性思维找到问题的最优解，让学生学会主动学习和自主探究。教师通过设定的情境，能更好理解教学过程，有利于教师进行教学反思，提高自己的教学能力④。马雯通过在武汉职业技术学院羽毛球选项课中进行竞赛教学法的教学实验研究，发现运用竞赛教学法的羽毛球课堂，对学生的羽毛球技术的完善、专项素质提高、学习效率和

---

① 李鑫星．分层次合作教学法在羽毛球教学中的实验研究［D］．首都体育学院，2014.
② 宋占钦．发现式教学法在高校羽毛球教学中的运用研究［D］．陕西师范大学，2014.
③ 王幸新．技术链组合教学法在羽毛球教学中的实验研究［D］．河南师范大学，2015.
④ 陈琦．情境教学法在高校羽毛球选修课教学中的实验研究［D］．东北师范大学，2016.

课堂质量的提高有着很大的助益。此外，她还根据影响因素提出相关建议，如在教学过程中要合理安排学生的运动量，综合考虑学生的运动负荷①。洪海潇和闫亚辉将 TGFU 教学法运用在羽毛球教学中探索其在羽毛球教学中的影响，"TGFU"教学法强调以游戏或比赛的形式进入教学主题，其教学过程的特点是将传统教学中将整个动作先分解后整体的教学方式转变为先整体后局部讲解的教学方式。通过对天津实验中学高二年级的两个羽毛球选修课班级进行对比实验，结果显示，运用 TGFU教学法的班级学生羽毛球基本技能比技术对照组有显著提高，进而指出采用"TGFU"教学法更有利于羽毛球基本技能的掌握与运用，还能激发学生的学习兴趣以及学习的主动性②。

随着科学技术的发展与进步，学者们开始在羽毛球教学中借助辅助教学工具对教学实践进行探讨研究。

2. 辅助教学工具在羽毛球教学中的运用研究

龚春燕发现在教学中运用新的教学工具和教学方法能激发学生学习的积极性和兴趣，使课堂质量和教学效果得到巨大的提升。陈旧的教学条件以及教学方法已无法提升学生的学习兴趣，因此在实际教学过程中采用多媒体教学时不可待，多媒体教学能够带来学生的学习反馈，有助于学生学习过程的调节③。黄斌在研究中表明利用多媒体辅助羽毛球教学能够提高学生的兴趣爱好以及运动技能的掌握能力，多媒体辅助教学突破了时间和空间的限制，从而提高了学生的自学能力，有利于学生与

① 马雯. 竞赛教学法在武汉职业技术学院羽毛球选项课的实验研究 [D]. 武汉体育学院，2018.
② 洪海潇，闫亚辉. TGFU 教学法在羽毛球教学中的应用 [C]//第十一届全国体育科学大会论文摘要汇编，2019：6207—6208.
③ 龚春燕. 羽毛球正手吊球"诱导辅助训练器"创新性实验研究 [D]. 北京体育大学，2015.

学生、教师与学生之间建立良好的关系①。唐勇使用微信的移动学习对高校通识教育羽毛球教学进行了实验研究,发现利用现微信移动学习能够提升学习者学习兴趣,并且可以使学习者的锻炼态度发生积极转变,对于学习者基本知识与技术的提升也有很大帮助②。谢瑞青在高校羽毛球教学中借助智能传感器进行辅助教学,通过教学研究发现在使用了这种新型的高科技辅助教学后,学生的羽毛球学习积极性、主动性迅速提高,而且学生课后进行自主练习的意识逐渐增强③。陈传洀和周威通过大学羽毛球"慕课+翻转课堂"教学模式的构建与应用研究,构建了羽毛球慕课的课程内容,以及羽毛球慕课与翻转课堂相结合的新型教学模式,他们指出互联网时代背景下普通高校羽毛球教学必须转型与升级,要不断完善校园网络学习平台,使羽毛球慕课形成优质教育资源后向社会开放共享④。潘顺磊在本科高校羽毛球教学中进行多媒体教学法实验研究,结果表明多媒体教学能够很大程度上提高学生学习的自主性,通过学生的反馈能够看出多媒体教学能够满足大部分学生的需求,并且使他们的学习效率有所提升,该教学法还有利于学生技能的习得⑤。随着智能手机的发展与更新,手机的功能越来越全面,有很多教育研究者开始将其应用于教学中,如夏文龙将智能手机中移动学习与羽毛球教学结合进行实验研究,研究发现,这种借助智能手机的移动学习方式能够给学生带来自由的学习环境,能够使学生在学习过程中保持良好的心情,

---

① 黄斌. 多媒体辅助羽毛球教学成效的实证研究 [D]. 武汉体育学院, 2017.

② 唐勇. 微信移动学习在高校通识教育羽毛球教学中的应用研究 [D]. 山东师范大学, 2017.

③ 谢瑞青. 智能传感器在高校羽毛球教学中的应用研究 [D]. 扬州大学, 2017.

④ 陈传洀, 周威. 大学羽毛球"慕课+翻转课堂"教学模式的构建与应用 [J]. 体育学刊, 2017, 24 (5).

⑤ 潘顺磊. 多媒体教学在河北省民办本科高校羽毛球教学中的应用研究 [D]. 河北师范大学, 2018.

因此能够提高学生学习羽毛球技术的积极性、主动性①。兰慧杰通过借助微视频辅助高校羽毛球教学，她指出微视频教学具有"短、小、精、悍"的特点，并通过实验发现微视频辅助教学，能加深学生对动作的记忆，提高对技术动作的理解。相比传统教学，微视频能够使技能教学更形象化，更生动②。张帆在研究实验中使用握拍挥拍器、阻力拍套以及击球点练习器来辅助羽毛球教学，实验结果表明运用辅助练习器进行羽毛球教学能够提升学生正手高远球技术、正手挑球技术和正手发高远球技术动作技能③。曾晗昕在研究中采用智能手机辅助羽毛球教学，发现通过智能手机辅助教学能够促进学生技术动作的学习，提高学生的学习动力，还能够增加师生之间的交流④。段明伟在研究中将翻转课堂教学模式与高校公共体育羽毛球教学相结合，对翻转课堂教学模式应用效果进行探究，研究结果表明，翻转课堂教学模式对学生身体素质的提高效果不佳，但对羽毛球基本技术的掌握有着显著作用，该教学模式有助于培养学生的合作学习意识以及自主学习能力。在研究中他还指出虽然传统教学模式存在弊端，但不代表它要完全被取代，应结合两者优点进行教学创新⑤。田鑫对智能可穿戴设备在羽毛球教学中的应用进行了研究，他指出可穿戴设备是将传感器结合手机应用，随时记录分析使用者的行为、位置、身体生理各项指标的变化的一种科技设备，调查结果显示，实验组学生的羽毛球专项技术（高远球、劈吊、挑球、放网）均

---

① 夏文龙．基于智能手机的移动学习在高校羽毛球教学中的应用研究［D］．首都体育学院，2018.

② 兰慧杰．微视频辅助教学在高校羽毛球选项课教学中的应用研究［D］．内蒙古师范大学，2018.

③ 张帆．辅助练习器在羽毛球基础教学中的应用研究［D］．山西师范大学，2019.

④ 曾晗昕．智能手机辅助教学对普通高校羽毛球教学效果影响的实验研究［D］．上海体育学院，2020.

⑤ 段明伟．翻转课堂教学模式在高校公共体育羽毛球教学中的应用效果研究［D］．云南师范大学，2020.

有所提升，实验组学生的羽毛球课堂兴趣（新颖性、关注度、探索性、愉悦性、积极性）也有所提升，学生的学习态度也由"被动"转变为"主动"，数据表明智能可穿戴设备对羽毛球教学效果有明显的提升①。

综上所述，随着教育教学方法的不断发展与进步，国内许多学者开始尝试对羽毛球教学进行改进，无论是教学工具的改进还是教学模式的完善，对羽毛球教学的发展与进步都是一个很好的开始，并且研究也取得了一定的成果。对于研究生来说，枯燥乏味的练习不仅无法满足他们身心发展的需要，也不适用于现代羽毛球教学。如今大多数学生都会从网上获取自己想要的知识，课堂上教师的"填鸭式教学"已不符合现在的教学需要。当前，国内羽毛球发展迅速，大量的羽毛球教学方法开始进入课堂，学者们通过教学方法与羽毛球教学的融合，促进了羽毛球教学的发展。随着科学技术的迅速发展，许多作为辅助教学用具的电子产品应运而生，互联网与电子产品的大量运用迎合了学生的内心需求，如学习通、中国大学生慕课、知道等学习平台能够极大地开阔学生的眼界和拓宽知识面，使师生关系更为融洽。网络平台丰富的学习资源使知识获取更为便捷，学生可以获得与时俱进的新知识，实现个性化发展。在此时代背景下，混合式教学恰好适合当前的教学形势，我们应该积极地将线上教学和线下教学相结合，从而使混合式教学达到最优化效果。

三、混合式教学的发展

1. 混合式教学发展过程研究

通过查阅中国知网，我们发现共有上万余篇与混合式教学相关的文献，其中国内最早出现于 2003 年，2003 年至 2006 年，以混合式教学为

---

① 田鑫. 智能可穿戴设备在中学生羽毛球教学中的应用研究［D］. 吉林体育学院，2022.

主题的研究逐渐增多，在这个时间段混合式教学的研究还处于初级阶段。随后混合式教学开始逐渐深入到医学、哲学、教育学等学科，其研究领域也越来越广泛，网络资源也逐渐丰富。2013 年—至今，关于混合式教学的发文量呈急剧上升趋势，尤其在 2015 年后急剧增加，这段时期混合式教学研究注重学生的学习体验，关注学生的心理需求。范江波等提出在教学中明确教师的主导地位而构建的混合式教学模式要以学生为中心，要以学生学习效果的提升为出发点，更加关注学生学习上以及心理上的需求，通过教师的合理引导，学生被动学习的态度向主动学习转变①。冯晓英、王瑞雪等学者通过收集并分析国内外混合式教学的相关文献资料，指出虽然混合式教学发展了很多年，但是目前国内外缺少一个系统的概念框架和分析框架指导混合式教学研究和实践。他们通过探讨构建了一个相关框架致力于弥补这一不足，在研究中总结出混合式教学的概念经历了三个阶段：一是技术应用阶段，该阶段学者们普遍认为混合式教学是信息技术的简单结合，将其当成纯面授教学与纯在线教学之间的过渡阶段；二是技术整合阶段，该阶段研究者开始将在线与面授的比例划分清晰，把混合式教学作为一种独立的而非过渡性的教学模式来看待，另外，此阶段研究者开始从教学策略、教学方法的角度来研究混合式教学，关注在线与面授相结合的混合式学习环境下的教学设计；三是"互联网+"阶段，该阶段研究者开始关注混合式学习带给学生的改变、对学生学习的支持。混合式教学的目的从"替代论或辅助论"阶段发展到"强化论或进化论"阶段，借助其他研究框架的基础上构建了混合式分析框架，其包括了三个维度：准确度、设计与实施、影响。准确度维度包括机构的准备、教师的准备、学生的准备，每个对象的准备又包括对混合式教学的态度以及能力准备；设计与实施维度包

---

① 范江波，张学辉，张建兵. 以混合式教学实现"以学生为中心"的探索 [J]. 教育教学论坛，2017（42）.

括混合式教学的策略、模式、理论框架以及支持；影响维度包括混合式教学的评价、效果、满意度、影响因素①。

20世纪90年代以来，随着科学与信息技术的迅速发展，多媒体和网络平台应运而生，并得到了各界大力支持。在教育领域 E-learning 得到了飞速发展和广泛应用，E-learning 是指超越空间和时间限制，通过互联网学习的一种学习模式，这种便捷个性化的学习方式给传统的以教师、课堂和教材为中心的教学模式带来了巨大的挑战与冲击，该教学模式的根本目的就是要培养学生的"21世纪的能力素养"，包括基本知识技能、信息素养、创新思维能力、人际交往和合作精神以及实践能力。但是，也有研究表明学习者在使用 E-learning 的学习实践过程中也有很多不适应，如完全通过互联网学习会产生孤独感，人际交往的减少使学习者对学习产生厌倦情绪。随着运用时间的增加，学习者对设备和环境产生了很大的依赖性，E-learning 在一些软件技能方面也存在着技术挑战，后来有研究者对该教学模式进行了深入的反思。进入新世纪，企业培训领域为了满足培训对象实践和地点多样化的需求，初次进行了"混合式教学"，紧接着各企业开始将网上培训与传统的线下培训进行紧密结合，后发展成传统面对面教学与在线教学相结合的模式。随着这种教学模式发展得越来越好，高等教育领域也开始引入并应用该教学模式。有学者将其称为 Blended-Learning，简称 B-Learning，也有学者将其称为 Hybrid Learning。

有学者认为国内混合式学习的概念第一次出现在祝智庭教授 2003 年发表的《远程教育的混合式学习》一文中。也有学者认为在 2003 年第七届全球华人计算机应用大会上，何克抗教授首次提出"混合式教学"的概念，总结了国外学者报告中的有关 Blended Learning 知识并赋

① 冯晓英，王瑞雪，吴怡君. 国内外混合式教学研究现状述评——基于混合式教学的分析框架 [J]. 远程教育杂志，2018，36（3）.

予其新的含义，倡导教育界对混合式教学加以重视①。另外，在第七届全国多媒体技术学术会议上，曹晓敏、王朴、吴涛三位学者在《多媒体教室的混合式教学模式及其通讯机制的分析与实现》一文中分析并指出了传统教学模式的优缺点，而后提出了一种新的教学模式——混合式教学模式。学者们均认为混合式教学模式在不脱离传统的教学模式的基础下，充分发挥学生在教学过程中的主观能动性，能够很大程度上提高多媒体课堂教学效率。在此基础上，学者们还进一步提出了实践混合式教学模式的通讯机制，并论证了该通讯机制在现有网络条件下的可行性。这些研究成果的出现标志着我国正式引入混合式教学，众多学者开始对混合式教学进行探索研究。南国农先生在 2010 年提出："混合式学习理论符合教学与学的规律，符合我国基本国情，对如今的教育信息化建设和深化教育改革具有现实意义。"而后有学者认为混合式学习是从 E-Learning 演化而来的教学策略，并为当前高校的教学改革提供了一种新的思路和方法。汪琼教授在其专著中提到过，网络教学并不是完全由网络进行课程的传递，还有一些是辅助传统教学中的教学活动或教学资料，并认为这可能是高校 E-learning 的重要表现形式，也是混合式教学的一部分②。2012 年，MOOC 教学模式发展火热，广大学者再次对混合式教学有了研究兴趣，从实践层面来看，很多高校尝试引入混合式教学，开展一些相关的探索性研究，混合式教学模式的出现为高等院校的教学信息化的推进与发展提供了新的思路与方法，也为教学改革指明了新的方向与道路。混合式教学不仅仅在教学领域得到了发展，也被应用于企业培训。如贾振霞在其研究中指出，为满足培训对象时间与地点的多样化需求，企业进一步研究把网上培训与传统培训相结合，即将传统

---

① 何克抗．从 Blending Learning 看教育技术理论的新发展（上）［J］．中国电化教育，2004（03）．

② 汪琼．网上教学成功四要素［M］．北京：北京大学出版社，2007：3.

面对面教学与在线学习或远程教学相结合，后来混合式教学模式逐渐被应用于高等教育领域①。

2. 混合式教学流程发展相关研究

黄荣怀、周跃良等学者将混合式教学过程划分为课程导入、活动组织、学习支持和教学评价四个紧密联系的环节。其中课程导入环节是指师生进行课程的交流以及课程的安排，并进行学习策略的指导。活动组织环节是指班级集体学习、小组协作学习和个体学习三种形式的活动。学习支持环节是指学生在教师或者同学的帮助下解决学习过程中遇到的问题。教学评价环节是指对预设的教学效果进行评价与检验，另外，混合式教学下的评价应该是多种评价方式混合使用②。陈晓端学者经过混合式教学研究提出从陈述、展示、讨论、提问、指导、反馈、管理、观察、倾听、评价和反思十一个方面划分教学行为③。崔允漷学者根据目标管理的教学流程，把教学过程分为教学准备阶段、教学实施阶段、教学评价阶段等三个阶段。教学准备阶段指进行课堂教学前，教师制定相应的教学方案。教学实施阶段包括主要教学行为（如呈现行为、对话行为、指导行为）、辅助教学行为（如学习动机的激发与培养、强化课堂的技术运用、营造良好的课堂氛围）与课堂管理行为主义（如课堂问题行为以及行为的管理与预防）三种，教学评价阶段是指教学结束后学生的学业成绩评价以及教师的课堂教学评价④。赵岜、姚海莹在进行混合式教学中构建了混合式教学流程框架，把混合式教学的流程分为教学准备、教学实施、教学评价三个环节。研究中指出混合式教学模式

---

① 贾振霞. 大学英语混合式教学中的有效教学行为研究［D］. 上海外国语大学，2019.

② 黄荣怀，周跃良，王迎. 混合式学习的理论与实践［M］. 北京：高等教育出版社，2006.

③ 陈晓端. 有效教学：理念与实践［M］. 西安：陕西师范大学出版社，2007.

④ 崔允漷. 有效教学［M］. 上海：华东师范大学出版社，2009.

下的教学准备，一方面要考虑课堂面授，另一方面也要考虑在线学习。教学实施环节分为面对面的课堂教学和线上学习两部分。在面对面的课堂教学过程中，教师要激发学生的学习动机，讲解课程内容重难点，要主动跟学生进行交流互动，帮助学生进行知识的构建。在线上学习环节，教师要给学生提供丰富有用的网络资源，与学生进行线上的互动交流。另外，教师在这两个环节中都要进行深刻的教学反思。教学评价环节分为对面课堂教学评价和线上学习评价两方面[①]。谭永平在研究中总结了混合式教学模式有以下基本特征：课程平台功能的混合性，线上资源建设的混合性，学生学习方式的混合性，教学过程的混合性，考核方法的混合性。学者在研究中还指出实施混合式教学时应注意的事项包括：课程平台功能应用应突出"三性"（简洁性、连贯性以及系统性），线上资源建设应突出"四化"（资源类型要多样化、资源的形态应形象化、项目或任务的导入应趣味化以及资源的内容应精炼化），线上教学应突出"四性"（任务性、互动性、探究性以及激励性），线下课堂教学应突出"四度"（教学内容应突出衔接度、教学方法的恰当度、问题探究的深刻度、学生参与的广泛度）[②]。黄映玲、苏仰娜学者在教学实践中采用了混合式教学模式，将混合式教学的流程划分为搭建混合学习环境、建设混合学习资源、设计和组织混合学习活动以及实施混合式学习评价四个环节[③]。罗映红围绕着怎么教、怎么学、怎么评三个教育的基本问题，构建了"三维三位一体"的混合式教学模式，通过融合现

---

① 赵嵬，姚海莹. 混合式学习环境下教师教学行为的建构 [J]. 内蒙古师范大学学报（教育科学版），2013，26（2）.
② 谭永平. 混合式教学模式的基本特征及实施策略 [J]. 中国职业技术教育，2018（32）.
③ 黄映玲，苏仰娜. 三合一《现代教育技术》课程混合学习模式的研究与实践 [J]. 中国教育信息化，2017（14）.

代信息技术，来推动教学改革有章可循，加速课堂革命的前进步伐①。梁林梅、罗智慧等学者在研究中指明了混合式教学模式顺利实施应包括：微课程的精细化教学设计、自主学习任务单的设计与开发、线上学习资源的开发与配置、在线学习交流活动的策划与设计、课堂深度学习活动的设计与组织、课后研究性学习的设计与组织、学生学习化团队的培育与管理以及学习评价的设计与实施这八个主要核心流程②。

3. 混合式教学的效果相关研究

大部分研究者更多的是从学生的学习成绩以及满意度两个方面进行不同方法的观察与探讨。首先是将混合式教学和传统教学模式的教学效果进行对比。Chou 和 Liu 在台湾一所初中进行了为期 14 周的教学实践研究。通过对比两种教学模式下学生学习的有效性（主要从学生的学习成绩、自我效能感、满意度以及学习氛围四个维度），研究结果显示混合式教学下学生的学习有效性均高于单一的传统教学模式③。其次是观察混合式教学模式下学生的学习成绩和满意度是否有变化，判定混合式教学效果。解筱杉、朱祖林两位学者对高校混合式教学质量的影响因素进行了探究与分析，根据实际需要构建了影响因素的一级指标，包括教师、学生、教学支持系统、教学效果和评价，并通过问卷形式进行了调查研究，研究结果表明，很多教师在态度方面存在混合式课程准备不充分、互动不深入等问题；学生参与积极性也不高，有些学生认为混合式教学加重了学习负担；教学支持方面存在课堂面授内容选择和方法使用不恰当的问题，课程设计也缺乏启发性与引导性；教学评价方式上存

① 罗映红. 高校混合式教学模式构建与实践探索［J］. 高教探索，2019（12）.

② 梁林梅，罗智慧，赵建民. 大学教师网络教学现状调查研究——以南京高校为对象［J］. 开放教育研究，2013，19（1）.

③ Chou. S. W. & Liu, C. H. Learning effectiveness in a web-based virtual learning environment: A learner control perspective［J］. Journal of Computer Assisted Learning, 2005, 27（1）.

在评价方式的选择不合理的情况。通过分析其影响因素，两位学者也提出了针对性的建议：混合式教学设计应首先考虑学生的需求；教师作为教学活动的组织者要具备相应的信息素养与教育技术；教师要理解教学支持系统的需要，从而提高教学质量；构建针对性的教学评价制度，对教学情况进行评价与反馈①。唐文秀等学者将混合式教学模式与学生公共课实施结合，通过教学实践研究，从学生参与度、交互性、适应性、满意度以及效果五方面研究学生混合式学习的效果②。李晓丽等学者在教学实践中利用 Sakai 开源平台构建了在线课程教学系统，其教学实践结果证明实验组学生成绩均高于对照组，这说明在高校课堂上采用混合式教学模式的教学效果要比课堂讲授教学好，混合式教学课堂能明显提高学生的学习效果③。王妍莉在研究中以 Blackboard 平台进行"多媒体课件设计与制作"的混合式教学课程实践研究，结果表明学生的学习成绩与 Blackboard 平台资源浏览有着显著相关性，另外，学生的满意度与 Blackboard 平台学习投入时间成正比，混合式学习能够提高学习效果④。廖宏建等学者通过研究总结归纳出 10 个影响 SPOC 有效学习的因子，按照影响力的大小顺序排列分别是"1 参与度""2 学习力""3 线下面授""4 知识内容的编排""5 教学的生成度""6 评测反馈""7 教学平台工具""8 质量管理""9 过程管理""10 学习观"，其研究总结

---

① 解筱杉，朱祖林. 高校混合式教学质量影响因素分析 [J]. 中国远程教育，2012（10）.

② 唐文秀，石晋阳，陈刚. 混合式学习五维评价模型的构建与应用——以"现代教育技术"公共课程为例 [J]. 现代教育技术，2016（8）.

③ 李晓丽，李蕾，徐连荣，等. 虚拟学习环境支持的课程教学设计及应用成效研究 [J]. 中国电化教育：2014（2）.

④ 王妍莉，马明辉，严瑾. 基于 Blackboard 平台的民族高校混合式教学行动研究 [J]. 电化教育研究，2015（9）.

对混合式教学效果评价有着深远意义①。肖婉等学者在研究中基于混合式教学相关文献的分析，归纳总结出混合式教学的实证研究应该从学习者的参与度、学习者知识建构程度、社会化发展程度、自我管理能力以及情绪情感体验等具体维度来开展②。黄荣怀教授在进行四个学期的混合式教学的实践后，结合实际情况探讨了混合式教学过程中可能出现的问题并提出了相应的解决方法与策略，他在研究中提出高校在进行混合式教学时应注意以下几个关键点。一是时间分配的比例，课堂讲授与网络协作学习两部分所占时间是首要问题。二是技术平台的选用，平台的选用一定要适应传统课堂和网络协作学习的基本要求。三是课堂环境与网络环境的衔接，两种环境的衔接需要设计出较好的活动来实现两者的平稳过渡。四是学生网络协作学习的前提是具备一定的自主学习能力和协作能力，要求进行学习准备，否则会影响网络协作活动的开展。学者在探讨研究中也指出由于目前的软件硬件条件不够先进，因此实施的情况与预设的效果之间还存在很大的差异③。伍丽媛通过教学实践研究证明混合式教学模式能够调动学生学习的积极性，参与混合式教学的学生表现出更强的自主学习能力与自信心，在人际交往方面表现得更加开朗，动手能力更强④。还有一些学者通过教学实践研究分析了教学效果的影响因素，而后提出了一些建议。如学者郭丹在研究分析了影响混合式教学有效性因素的基础上，提出了七个应对措施，一是建立多维评价制度，二是构建适宜的教学环境，三是保证混合式教学的结构化，四是

---

① 廖宏建，刘外喜. 高校 SPOC 有效学习影响因素实证分析 [J]. 电化教育研究，2017，（5）.
② 肖婉，张舒予. 混合式学习研究领域的前沿、热点与趋势——基于 Citespace 知识图谱软件的量化研究 [J]. 电化教育研究，2016 (7).
③ 黄荣怀，周跃良，王迎. 混合式学习理论与实践 [M]. 北京：高等教育出版社，2006：66—67.
④ 伍丽媛. 基于同伴辅导的混合式教学模式研究 [J]. 教育评论，2016 (2).

确定差异化的学习方法，五是选择合适的教学媒体，六是给予学生充足的反思时间，七是注重交流成果与反馈①。如赵国栋等通过实践研究，提出如果提高师生之间的互动频率就能够提高学生混合式教学的满意程度，教师及时地对学生在网络平台上的讨论和问题给予反馈也能够提升混合式教学效果②。

4. 混合式教学在不同学科过程中的运用发展研究

李艳华通过一系列的混合式教学研究后，提出在生物课程中可以结合混合式方法来进行教学，同时还提出可行性教学设计，以及在高中生物课程中运用的建议③。黄丽璞在研究中对初中数学中混合式教学模式的应用原则、混合方式及基本流程进行了深入探索，并将理论与实践相结合，设计了初中数学教学中应用混合式教学模式的具体应用案例，并提出了该教学模式的应用优化策略④。马俊霞根据混合式教学的特点并结合中学教育的实际教学情况，尝试将混合式教学应用到中学生物课堂中，探索其在中学生物课堂的可行性及有效性，并对实践过程中所发现的问题提出建议⑤。郑雅青指出通过混合式教学法可以重组教学顺序，体现学生主体性；改革教学方法，充分调动学生积极性；采用小组合作的学习形式，确保学习效果。"线下、线上"混合式教学中的技术、理论、实训的教学过程并不相同，各具特色⑥。

---

① 郭丹. 混合式学习有效性研究 [J]. 中国成人教育，2011 (7).
② 赵国栋，原帅. 混合式学习的学生满意度及影响因素研究——以北京大学教学网为例 [J]. 中国远程教育，2010 (6).
③ 李艳华. 以编程能力为导向的教学模式在中职《动态网页设计》课程中的应用研究 [D]. 广东技术师范大学，2019.
④ 黄丽璞. 混合式教学模式应用于初中数学的实践与研究 [D]. 济南大学，2020.
⑤ 马俊霞. 高中生物《ATP 的主要来源——细胞呼吸》的混合式教学探究 [D]. 河南大学，2020.
⑥ 郑雅青，胡微，姜娟，王君霞，李文康. 基于 SPOC "线下、线上"混合式教学设计探究——以沈阳体育学院《健身气功》课程为例 [J]. 辽宁体育科技，2020，42 (4).

综上所述，经过多年的实践和研究，医学、计算机科学以及其他高等教育教学等领域中关于混合式教学研究都取得了很多优秀的成果，这些研究成果加快了混合式教学的推广与应用，并且使国内关于混合式教学的研究逐渐发展成一个较为成熟的研究领域。学界在混合式教学的含义、特点、实践与应用等方面的研究取得了一定的成果，并为混合式教学在今后的推广打下了深厚的理论基础。相对于传统教学模式，混合式教学模式更能体现学生的主体性，在教学过程中能引导学生由被动学习的态度向主动学习进行转变，对学生的个性化发展以及思维的创造性发展有着积极的作用。当前，我国对于混合式教学的研究还处于初级阶段，未来还有巨大的完善空间，我们应该将传统体育课堂与新颖的信息网络教学平台和教学资源进行结合，对混合式教学的新模式进行深入探究并使之推动体育教学的发展。

四、混合式教学的应用

1. 混合式教学设计相关研究

随着混合式教学相关研究的深入与发展，国内不少研究者开始关注混合式教学设计方面，并且对混合式教学的认识的发展趋势逐渐一致，即混合式教学不仅仅是课堂面授教学与在线学习在形式上的简单结合，而是将线上学习和线下学习的各要素取其精华去其糟粕，通过整合教学要素来优化教学结构。因此，为了探索混合式教学的新形态，诸多学者开始对教学结构中一些相关要素进行重新设计。刘黄玲子等学者进行了长达四年的混合式教学实践研究，归纳总结出了在进行混合式教学设计时应考虑的因素，包括课堂面授与线上学习时间的比例关系、技术平台是否适应课堂教学活动、课堂教学环境与网络环境两者交互活动设计、学生特征对自主和协作学习的影响等①。学者吴南中在研究中指出混合式学习体现了教学资源、教学技术、教学环境、学习方式等各方面的深度融合，传统预设的教学设计被生成性的教学设计所取代，因此混合式学习需要重构教学设计②。胡立如等学者认为如果仅仅从面授教学和线上学习结合的角度考虑混合式教学，就会显得过分强调技术成分，那么大家对混合式学习作用机制的正确认识有可能会受到影响，学者通过对雅各布森等人的教学结构框进行修订，从而总结归纳出 11 种混合式学习系统的结构序列③。学者杨鑫在研究中以活动理论作为理论基础构建了以"知识—目标—活动"为核心的混合式教学活动设计方法，并通过研究归纳总结了不同知识类型和教学目标与学习活动形式之间的对应关系④。学者谭庆芳在研究中将混合式学习环境下的学习活动设计分为实践问题解决类、作品演示设计类、理论概念学习类这三种类型⑤。朱娉娉等研究者指出在混合式教学法中，学生线上的主动学习必须和线下的教学目标一致，课前、课中和课后三个环节需要紧密联系、相互配合⑥。马俊霞认为，混合式教学设计针对小规模群体开放，学习人数受到限制，教师可以根据学生线上学习情况，与学生进行互动，并及时调整教学方案，在线下对学生进行个性化指导⑦。刘笑园在其研究中指出

---

① 刘黄玲子，黄荣怀，朱伶俐，等．一项混合式教学的行动研究［J］．学位与研究生教育，2005（11）.
② 吴南中．混合式学习视域下的教学设计框架重构——兼论教育大数据对教学设计的支持作用［J］．中国电化教育，2016（5）.
③ 胡立如，张宝辉．混合式学习：走向技术强化的教学结构设计［J］．现代远程教育研究，2016（4）.
④ 杨鑫．基于混合式学习的学习活动设计研究——以教学媒体的理论与实践课程为例［D］．西北师范大学，2016.
⑤ 谭庆芳．混合式学习活动设计及应用研究［D］．华中师范大学，2011.
⑥ 朱娉娉，叶开艳，宋庆福．基于学习通的高职公共英语混合式教学模式探索［J］．职业技术，2021，20（1）.
⑦ 马俊霞．高中生物《ATP 的主要来源——细胞呼吸》的混合式教学探究［D］．河南大学，2020.

不同层次、不同学科、不同教学目标应该设计不同的混合式教学模式①。邢欣等学者的研究从课前、课中、课后三方面对混合式教学课堂进行了设计，分别采用了课前——"任务导向型"自学模式，课中——"引导探究型"授课模式，以及课后——"监督反馈型"课后检验模式②。林雪燕和潘菊素学者针对目前高职学校普遍存在的学生学习基础差异较大、学习兴趣和主动性不强等学习现状，基于翻转课堂进行了混合式教学模式设计，通过在翻转课堂教学中加入游戏竞级的理念，并且设置能力递进的"三类项目"为学生提供"三重循环"训练，以此来激发学生的学习兴趣，加强基本知识与技能的学习与掌握，并使知识和技能的学习和运用上能够有效迁移，形成良好的职业从业素质③。王鹬和杨倬学者以华中师范大学云课堂为例进行了基于云课堂的混合式教学模式设计，研究提出了基于云课堂的混合式教学模式包括三个阶段，第一，课前学生自主学习阶段，第二，课中学生课堂研讨学习阶段，第三，课后学生巩固学习阶段。在这三个阶段中，第一阶段的课前自主学习和第三阶段的课后巩固学习是在线上云课堂中进行的，第二阶段的课中学生课堂研讨学习是在线下教室中进行的④。汤勃、孔建益等人在教育实践中通过"MOOC+微课"在线平台、翻转课堂平台及实践教学平台三大平台构建了在线教学、课堂教学和实践教学的混合式教学模式。将"MOOC+微课"平台作为基础，建构多方位的课程内容体

① 刘笑园. 基于 OBE 理念的混合式教学在中职《汽车营销》中的应用研究 [D]. 天津职业技术师范大学，2020.

② 邢欣，王彤. "混合式教学"模式下的体育课程设计与实践 [J]. 辽宁体育科技，2020，42（2）.

③ 林雪燕，潘菊素. 基于翻转课堂的混合式教学模式设计与实现 [J]. 中国职业技术教育，2016（2）.

④ 王鹬，杨倬. 基于云课堂的混合式教学模式设计——以华师云课堂为例 [J]. 中国电化教育，2017（4）.

系，实现学生学习自主化；将翻转课堂教学平台作为拓展渠道，对知识进行交流研讨，充分体现个性化教学；将大学生"创新工场"作为实践平台，提供多样化的实践教学机会，促进学生理论与实践的融合①。李克东、赵建华通过对混合式教学的理论基础、基本原理、过程设计、应用模式等四个方面进行分析，认为在混合式教学中，需要结合学生的主体地位与教师主导作用。他们认为信息的传递通道是混合式教学的研究本质；教学媒体的选择与灵活运用是混合式教学中的关键。对于过程设计以及应用模式两个方面的研究对于混合式教学的实践应用具有深远意义②。白文倩、李文昊等学者在研究中提出了一种基于资源的混合式学习教学设计，他们认为如今的高校教学中，混合式学习要争取为学习者创立一种积极有效的学习环境，混合式教学设计应该关注如何为学习活动提供必要的资源支持，而不是简单地将在线学习和传统学习结合在一起。该研究从理论和实践两个方面对高校的混合式教学进行了研究，并且提出了一个基于资源的混合式学习教学设计过程模型，以提高混合式学习设计的可操作性。研究结果表明学者所提出的教学设计过程模型具有一定的合理性和可行性，能够较好地指导混合式学习实践的开展③。

2. 混合式教学方法相关研究

不同的教学效果取决于不同的教学方法的运用，应根据不同的学习主体和不同的学习环境来选择恰当的教学方法。目前翻转式、引导式、互动式的教学方法被广大教育者采用。赵维峰在其研究中总结到 SPOC 混合式教学完全可以同步实现学生专业知识与综合素质全面提高的目

① 汤勒，孔建益，曾良才，蒋国璋，侯宇."互联网+"混合式教学研究［J］.高教发展与评估，2018，34（3）.
② 李克东，赵建华.混合学习的原理与应用模式［J］.电化教育研究，2004（7）.
③ 白文倩，李文昊，陈蓓蕾.基于资源的混合式学习的教学设计研究［J］.现代教育技术，2011，21（4）.

标，是应用型本科高校教学改革的主流教学方法①。马懿等人构建了驱动式教学法，认为混合式教学要以学习者的多元化协作为核心②。肖尔盾在研究中指出混合学习以"任务驱动"的形式不仅让在线学习在体育教学中具有了现实价值和意义，还为教师监督学生课后体育学习提供了渠道，也确保了课后体育学习的有效发生③。赵文杰、冯侨华等人在研究中分析了传统教学模式的弊端和电子教育模式的双面性，针对"互联网+"混合式教学方法进行了探究，提出了以"传感技术"课程教学为研究目标，以传统讲解式教学为主，结合翻转课堂教学、课题讨论教学及线上线下网络教学等多种教学模式，以此来激发学生课上学习的积极性、课后学习的自主能动性，以及提高创新实践能力④。冯瑞林、董俊等学者针对目前大学课堂气氛沉闷、学生学习不积极等教学现状，在实验研究提出了基于 BOPPPS 有效教学结构的课堂讲授的过程，指出教师传授过程中要注重"精讲留白"，研究者在实践研究中还引入了"对分"教学理念，意在把课堂部分时间留给学生进行"隔堂讨论"。实践结果表明，采用这种混合式教学模式，大部分学生表示自己对知识点的理解程度大大提升了，并且学生在课上玩手机、走神的现象减少了⑤。叶荣荣、余胜泉等人在混合式教训模式中引入序列化学习活动，实现多种教学模式的混合式教学实践研究用于改变传统教学结构。

---

① 赵维峰，杨文秀，王飞. SPOC 混合式教学方法在应用型本科教学中的应用 [J]. 现代农业科技，2018 (23).

② 马懿，吴铮铮，谭天海，等. CBL 与 PBL 混合式教学背景下的诊断实验教学比较与分析 [J]. 中国继续医学教育，2018, 10 (10).

③ 肖尔盾. "互联网+"背景下高校体育教学混合学习模式探索 [J]. 中国电化教育，2017 (10).

④ 赵文杰，冯侨华，苑会娟. 基于"互联网+"混合式教学方法的研究与探讨 [J]. 黑龙江教育（高教研究与评估），2018 (10).

⑤ 冯瑞玲，董俊，张鸿儒，杨娜，沈宇鹏. 基于 BOPPPS 和"对分"的混合式课堂实践及成效 [J]. 教育教学论坛，2020 (3).

其研究对活动导向下教学设计模式和活动设计原则进行了深入探讨，并提出了活动设计的组成要素和教学活动实施的具体流程，研究展示了所探索的适合高校课程教学的序列化学习活动的教学案例①。金一、王移芝等人将混合式学习理论与分层教学模式相结合进行了教学实践研究，以混合式教学为指导思想，在教学过程中对不同层次的学习者进行不同内容、方法以及深度与广度的教学，以满足不同学习者的学习需要。该研究提出了混合学习理论指导下的分层教学设计的思路，并对相关课程的设计实例进行了教学实践，研究结果显示，该教学模式不仅提高了学生学习的主动性与积极性，还帮助学生初步掌握了正确的学习方法，提高了学生的自主学习与研究能力②。台湾学者杨家兴将混合式教学模式分成了三种：一是面授资源模式，该模式是网络资源与传统面授教学的结合，教师先进行相关教学资源或教学范例，然后通过教室中的媒体设备将其呈现给学生，这样不仅可以使教学资料丰富化，还能扩展学习范围。二是课业辅导模式（网络辅助教学），该模式较面授资源模式的优势在于这种教学模式在提供教学资源的基础上，教师和学生通过网络平台进行教学内容的讨论，教师还可以发布消息等。三是线上教学模式，指一般的远程教学，这种模式下所有的教学程序、教学活动以及成绩评定等都是依靠网络来进行的③。

3. 混合式教学平台相关研究

随着信息技术的快速发展，越来越多的网络教学平台可以用于开展混合式教学，比如超星泛雅、雨课堂、智慧树、知道、学习通、Blackboard、Moodle、WebCT、Sakai 等。随着教学平台的多样化，用于

---

① 叶荣荣，余胜泉，陈琳. 活动导向的多种教学模式的混合式教学研究［J］. 电化教育研究，2012，33（9）.

② 金一，王移芝，刘君亮. 基于混合式学习的分层教学模式研究［J］. 现代教育技术，2013，23（1）.

③ 杨家兴. 线上教学的设计和支持服务的设计法则［J］. 天津电大学报，2006（12）.

开展混合式教学的平台功能也越来越便捷、丰富。徐宁指出在网络平台课程建设中，应着重开发多元化课程内实践教学资源，设计多种形式的实践教学环节，加强课程的应用性，突出课程的实践性①。余胜泉等人指出，一个完整的网络教学平台应该由四个系统组成：网上教学支持系统、网上教务管理系统、网上课程开发工具和网上教学资源管理系统②。刘淳等人指出，目前的网络教学平台大多是支持基于课程讲授型的教学模式，现代网络教学平台不仅是通过技术的使用来延伸课堂，应更倾向于最大限度地建立学习者之间、学习者和学习资源之间的联系③。刘萱在教育实践研究中，基于 Moodle 平台进行了《教育技术学研究方法》课程教学实践研究，通过在 Moodle 平台插入的 Feedback 模块，从学生使用 Moodle 平台的情况和学生利用混合式学习方式的教学成效两个方面对参与混合式学习学生的学习效果、学习满意度、学习接受程度进行了调查，研究结果表明，在高校专业课程的教学中采用混合式学习方式能够提高学生的学习效果和满意度以及学习者各方面能力；利用 Moodle 平台开展混合式学习，能够取得较好的教学效果④。黄天娥、李兰皋在英语教学中运用 Blackboard 网络教学平台，形成混合式教学模式，研究表明该教学模式从传统的以"教师为中心"的单向输入转变成以"学生为中心"的多项输入输出的教学模式。该模式坚持学生主体地位的教学理念，不仅能够调动学生学习积极性与主动性，激发学生英语学习的兴趣，还能够培养学生的自主创新能力与团队合作意

① 徐宁. 网络教学平台支持的课程内实践教学设计——以《人力资源管理》课程为例 [J]. 中国教育信息化，2014（10）.
② 余胜泉，何克抗. 网络教学平台的体系结构与功能 [J]. 中国电化教育，2001（8）.
③ 刘淳，章强，武齐阳，丁志祥. 交互式网络教学平台的研究与实现 [J]. 南京大学学报（自然科学版），2006（1）.
④ 刘萱. 基于 Moodle 平台的《教育技术学研究方法》教学成效分析 [J]. 中国电化教育，2010（3）.

识，极大地提高了教学效果，其研究证明混合式教学对大学英语教学改革具有重要的理论和实践价值①。学者王帅国在研究中介绍了"雨课堂"，雨课堂是清华大学在互联网背景下推出的智慧教学工具，研究中指出该课堂致力于为所有教学过程提供数据化、智能化的信息支持。研究中总结了雨课堂特点和优势，尤其重点讲述了该课堂的 5 个功能，并讲述了雨课堂教学平台的理念创新和实践中的运行情况。该研究还探讨了当今互联网和大数据背景下如何进行高等院校的教育教学改革以及如何有效地进行混合式教学②。秦睿玲、李忠浩等人结合了 BOPPPS 教学模式与混合式教学，并基于学习通与 MOOC 平台，构建了"MOOC+学习通+BOPPPS"混合式教学模式，并通过实践发现该模式能够有效引导学生开展自主学习，培养学生解决问题的能力，提高课程的教学质量③。

4. 混合式教学运用领域相关研究

现在高校中混合式教学运用得较多，医学类、英语类以及计算机类是较早采用混合式教学的专业。如黄娜对混合式教学的模型进行分析，构建了以 ADDIE 模型为基础的混合式教学模式，并在英语教学实践中运用该模式，其研究结果证明了混合式教学能够激发学生的学习兴趣，并且学生的学习积极性与主动性也有很大的提高，学生的英语考核成绩和英语口语的应用能力也得到很大的提高④。陈倩对高中政治课堂运用混合式教学进行实验研究，发现在混合式教学的课堂中，其课堂内容和

---

① 黄天娥，李兰皋．基于 Blackboard 网络教学平台的大学英语混合式教学模式探究 [J]．教育理论与实践，2014，34 (6)．

② 王帅国．雨课堂：移动互联网与大数据背景下的智慧教学工具 [J]．现代教育技术，2017，27 (5)．

③ 秦睿玲，李忠浩，赵月平，唐春梅，王丽，徐占云．基于学生中心理念的"MOOC+学习通+BOPPPS"混合式教学实施策略 [J]．黑龙江畜牧兽医，2021 (15)．

④ 黄娜．混合式教学模式在高职英语中的应用研究 [D]．西北农林科技大学，2018．

形式更加丰富，课堂学习氛围更为活跃，学生学习更为主动且积极，这是因为混合式教学课堂中更能满足学生的身心需求。另外，研究发现使用混合式教学，一些学生开始养成课前预习和课后复习的好习惯，相较于传统教学课堂，学生在课堂上更倾向于混合式教学的新型课堂[①]。温雅茹在初中物理教学中应用混合式教学做实验研究，对比对照组与实验组教学实验结果，证实了混合式教学能够有效地提升初中物理课堂的教学效果，并且对于学生的学习成绩、知识的理解与掌握程度都有所提高[②]。程旺开、李囡囡基于云班课的线上线下混合式教学模式对高职微生物学教学进行实践研究。学者首先分析了目前高职课程教学存在的问题，并介绍了混合式教学在微生物学课程中运用的可能性，其混合式教学课程研究过程包含了线上教学平台的选择、教学内容的重构、教学的设计与实施以及教学评价与考核等四个方面，研究结果显示，线上线下混合式教学运用在微生物教学中，能够提高学生的自主学习能力以及教学质量，但是在具体的实施过程中要处理好三个关键问题：制作多样化、碎片化教学资源，不断激发学生的学习积极性以及加强师生之间的交流互动[③]。宋康康老师首次将混合式教学运用到体育院校游泳课程中，她将网络教学的直观全面与传统课堂的优势进行结合，创建了体育院校游泳课程的教学新模式，并用教学实践证明混合式教学在游泳课程中运用的可行性及该模式下学生游泳技能的掌握更为熟练，并且在技术评价、达标测试以及平时成绩方面都有了明显的提升，学生对于学习游泳的积极性也逐渐提升[④]。李杰等人将混合式教学运用到篮球教学实践

---

① 陈倩．混合式教学在高中思想政治课中的应用研究［D］．西安理工大学，2018．
② 温雅茹．混合式教学模式在初中物理教学中的应用研究［D］．宁夏大学，2018．
③ 程旺开，李囡囡．基于云班课的线上线下混合式教学模式在高职微生物学教学中的探索与实践［J］．微生物学通报，2018，45（4）．
④ 宋康康．混合式教学在体育院校游泳课上的教学效果的评价研究［D］．山东体育学院，2018．

中，发现混合式教学能够提高学生知识的熟练程度和技能的掌握，使篮球课堂质量得到提升，他认为将多媒体技术与大学体育课堂教学相结合是非常有必要的①。学生通过"线上"教学进行动作技能的视屏学习，有助于学生掌握正确的技术动作要领。袁鹏在高职院校排球课的混合式教学实验中，采用课前发布学习任务、课上解决学习问题以及课下改进提高知识和技术动作的混合式教学方法，促进了师生良好关系的构建，有效地促进了教师的教学和学生的学习，也提高了排球课程教学的有效性②。目前，随着混合式教学的推广与发展，该教学模式在各种培训课程中也被广泛运用。

5. 混合式教学评价相关研究

教学评价包括混合式教学模式下的教学评价体系以及混合式教学效果的评价。赵国栋、原帅通过研究发现，混合式教学法相较于传统教学法可以更好地加强师生之间的互动和沟通，尤其教师在教学实践中采用混合式教学法后，他们能够针对学生在课堂上所遇到的问题进行在线答疑，相较于传统课堂，师生通过互联网进行沟通和交流既方便又快捷，对培养良好的师生感情方面产生积极的影响③。李成严等人针对翻转课堂课前、课中和课后三个教学阶段的任务和目标，提出基于全过程考核的评价体系④。李逢庆等人在分析阐述混合式教学理论的基础之上确定了混合式教学评价的原则，并基于混合式教学的不同阶段，提出科学性、可操作的评价指标体系，为不同课程的教师开展混合式教学提供可

---

① 李杰，尚香转，赵新辉. 混合式教学在高校篮球教学中的实验研究［J］. 许昌学院学报，2019，38（1）.
② 袁鹏. 高职院校排球课混合式教学的探索与实践［J］. 中国校外教育，2019（15）.
③ 赵国栋，原帅. 混合式学习的学生满意度及影响因素研究——以北京大学教学网为例［J］. 中国远程教育，2010（6）.
④ 李成严，高峻等. 翻转课堂教学评价体系研究［J］. 计算机教育，2015，（11）.

资借鉴的教学评价指标①。谢永朋等人在研究中根据"以学生为中心""以学习为重心""以技能为核心"的教学理念,构建了职业院校翻转课堂教学质量评价指标体系,该评价体系包含六个一级指标和十九个二级指标②。学者陶彦玲在对混合式教学质量及评价的研究中提到,不应该仅从学生知识的习得与掌握方面来对学生进行学习评价,还要从学生的智力与非智力层面进行评价。智力层面包括学生的知识分析与运用能力和学生的创造性思维能力等。非智力层面主要是指学生的学习兴趣、态度、动机以及情感态度和情意表现等。智力层面的评价可以通过传统考试来实现,但非智力层面应通过观察学生学习过程中的表现,从定性角度分析。混合式教学模式下学生评价一定要从这两个方面入手,从而确保评价的全面和完善③。蒋立兵等学者从应然取向和本体特征两方面分析翻转课堂教学评价,并构建了翻转课堂的三级教学质量评价体系④。刘智勇等人在研究中从环境、学习和教学三个因子入手,构建了基于 SPOC 的混合式教学模式教学质量评价指标体系⑤。李馨通过借鉴CDIO 教学模式评价体系,提出了构建翻转课堂教学质量评价指标体系的理论基础与原则,指出需要针对不同的教学对象、学科内容、学习目标、教育层次来构建教学评价体系,另外,他还提出了构建混合式教学质量评价指标体系的技术路线⑥。唐玉兰等学者在基于微信平台的混合

① 李逢庆,韩晓玲.混合式教学质量评价体系的构建与实践 [J].中国电化教育,2017 (11).
② 谢永朋,杨英歌.职业院校翻转课堂教学质量评价指标体系构建研究 [J].中国职业技术教育,2018 (8).
③ 陈丽娜.基于混合式教学的学习效果评价研究 [D].华中师范大学,2018.
④ 蒋立兵,陈佑清.翻转课堂教学质量评价体系的构建 [J].现代教育技术,2016 (11).
⑤ 刘智勇,陈婵娟,章文林.基于 SPOC 的混合式教学模式的教学评价方式研究 [J].教育现代化,2017 (13).
⑥ 李馨.翻转课堂的教学质量评价体系研究——借鉴 CDIO 教学模式评价标准 [J].电化教育研究,2015,36 (03):96-100.

式教学效果评价研究中采用问卷调查的研究方法，让学生针对混合式教学课堂中的教学态度、教学内容、教学方法、教学效果四个维度打分，以此来进行学习效果的评价。调查结果显示四个维度的分数均高于九十分，表明混合式教学具有非常好的效果。但是学者在研究中也指出采用问卷调查法所获得的教学效果具有很强的主观意识，因此研究结果可能存在不准确性①。

综上所述，相对于传统教学法，混合式教学法在教学设计、教学方法、教学领域、教学评价方面都有着较好的发展，混合式教学模式使教师课堂上的主导者角色转变为引导者、监督者以及课程设计者的角色。在教学中运用混合式教学法能够更加突出学生的主体地位，激发并保持学生的学习动机，养成自主学习的好习惯，使学生的学习态度由被动学习向主动学习转变。由于混合式教学模式教学时间和教学地点的灵活性以及学习内容的丰富与直观性，混合式教学也逐渐被广大学生接受。另外，混合式教学还在政治、体育、英语、职业教育等各个学科领域的教学研究中都取得了很多优秀的研究成果。综合分析混合式教学的利弊，该教学模式的应用发展也给羽毛球教学带来了启发，我们可以用混合式教学来弥补传统羽毛球教学中教学方法单一、教学模式死板和师资力量不足的缺点，通过丰富的网络教学资源帮助学生更好地掌握精深且正确的技术动作，培养学生的自主学习和探究的能力。

---

① 唐玉兰，陈建慧，赵吉.基于微信平台的混合式教学的效果评价［J］.淮北职业技术学院学报，2017，16（2）.

第三节 国外相关文献研究综述

一、羽毛球教学

根据调查可以了解，国外对于羽毛球运动研究大都集中于羽毛球运动训练、教学中的运动损伤、动作技术的生物力学分析、学生的心理情况等方面，而对于羽毛球教学方面的研究较少。国外主要以俱乐部形式进行体育教学，在高校中没有专门的公共体育课程，因此羽毛球在欧美国家的受欢迎程度并不高，开展情况较好的国家主要集中在欧洲国家如丹麦、英国、德国和荷兰等。

《BWF coaches manual level 1》中提出，羽毛球是一项终身体育运动，学习并参与羽毛球运动可以带来以下四方面益处：physical（身体），social（社交），emotional（情绪）and intellectual（智力）。范海飞在研究中指出国外的羽毛球教学传递的是一种"快乐教学"的理念，主要让学生体验羽毛球的成功和快乐。教学内容也与国内不同，羽毛球教学不是从高远球技术开始教，而是从网前球技术开始教的，因为他们认为网前球技术是比较容易掌握的，也是比赛中控制比赛的主要手段①。

1. 羽毛球教学相关研究

Kim，Insook 认为在羽毛球教学中，实现有效教学的基础是教师要掌握羽毛球专项技术和相关的知识，只有教师掌握扎实的羽毛球知识与

---

① 范海飞. 少数民族地区普通高校羽毛球开展现状调查研究［D］. 哈尔滨体育学院，2019.

精湛的技术，才能在教学内容、教学手段进行调整时考虑到学生的实际需求以及个体差异。学者在研究中提出教师在进行教学方法设计时应符合羽毛球教学的特点以及学生的心理发展需求。在羽毛球教学实践中，学习动机的形成对于学生的学习效果有着极大的影响作用①。Chuning S 指出羽毛球的实际教学会受到天气、场地器材、教师专业水平等多重因素的影响，如果学生对于羽毛球学习的热情下降，其学习兴趣也得不到提升，所以在羽毛球的教学实践中，激发学生对于学习羽毛球的学习动机是开展羽毛球教学的前提②。

2. 羽毛球教学方法相关研究

Nathan，Sanmuga 将马来西亚的两种教学模式（TGFU、SDT）进行研究对比，发现在以技术教学为主的马来西亚，TGFU 教学模式下的学习者在实战能力上要比 SDT 教学模式下的学习者实战能力更强③。Wee E H 等将高强度间歇多球训练运用到羽毛球教学训练中，发现在高强度的间歇训练下，学生的混合用氧能力、无氧能力、有氧能力都有显著提升，说明高强度间歇多球训练对于羽毛球学习者的专项素质有积极影响。Blomqvist M，Luhtanen P 等研究者对比研究羽毛球传统教学与策略导向教学两者对羽毛球学习的影响，通过实例证明，传统的羽毛球教学与策略导向教学都能提高羽毛球技术，但是策略导向教学下的学生不仅提升了技术，对于赛事理解、相关理论知识也有提升④。

综上所述，国外许多学者在羽毛球教学方面的研究偏向于教学过程

---

① Kim，Insook. Teaching Badminton through Play Practice in Physical Education［J］. Journal of Physical Education，Recreation & Dance，2017，88（8）.

② Chuning S . Influencing factors of students' learning motivation in college badminton teaching ［J］. Journal of Changchun University of Chinese Medicine，2016：32（2）.

③ Nathan，Sanmuga. Badminton instructional in Malaysian schools：a comparative analysis of TGFU and SDT pedagogical models［J］. Springer Plus，2016，5（1）.

④ Blomqvist M ，Luhtanen P，Laakso，L . Comparison of Two Types of Instruction in Badminton［J］. Physical Education & Sport Pedagogy，2001，6（2）.

中学生的动作技术的生物力学、运动损伤以及心理变化等方面，而教学方法的相关研究较少。经过文献梳理发现国外专家学者普遍认为，激发学习动机是提升羽毛球学习效果的关键，教师的自身专业素质水平是实施羽毛球教学的基础，并且教师需要选择合适的教学方法以及对教学内容做出相应的调整，提升学生对于羽毛球技术的掌握度。羽毛球教学研究范围广泛，关于课堂教学质量的提升以及教学方法的改进等方面仍然有很大的研究价值。

二、混合式教学应用

国外混合式教学最早是应用于企业的培训，20 世纪初期，美国教育学专家开始对"网络化学习"进行探索与研究，"混合式教学"也由此诞生，而后，混合式教学才开始广泛应用于学校教育教学中①。学者斯密斯·J 和艾勒特·马西埃在 2002 年的时候提出将完全线上的纯技术环境与传统的学习模式进行结合，并提出了 Blended Learning（混合式学习）这一概念②。随着互联网和信息技术的快速发展，国外越来越多的学者对于混合式教学愈发关注。

支撑混合式学习的信息技术和以学生作为主体的混合式学习方法是国外混合学习的研究热点，另外，关于混合式教学的课程开发与设计也逐渐成为研究重点之一，混合式教学在医学教育领域中的应用也处在研究的前沿。从 2007 年开始，每年都举办一次针对混合式教学方法的国际会议，会议主要目的是为了将众多领域的专家聚集在一起，共同探讨如何进一步推进混合式教学法的研究。

---

① 俞显，张文兰. 混合学习的研究现状和趋势分析［J］. 现代教育技术，2013，23（7）.

② 胡春燕，孙阳. 浅谈大学英语混合式教学中的监控体系——基于《新标准大学英语》网络教学管理平台（A级）的研究［J］. 海外英语，2012（9）.

Akkoyunlu B 等在混合式学习中分析不同学习风格的学习者的表现，提出构建学习共同体应在学习风格的差异性的基础上进行，并以此为基础，构建混合式教学模型，随后再运用到不同学科中，取得了良好的教学效果。相较于国内，国外对于混合式教学模式的研究较更为完善，Michael B. Horn 等将混合式教学模式总结为四大类，即转换模式、菜单模式、弹性模式、增强虚拟模式。转换模式是指教师引导学生在不同学习模式中进行转换，并且其中至少要有一种是在线学习模式；菜单模式是指不限制学生的学习环境，学生通过在线学习完整的一门课程后，再学习其他的面对面课程；弹性模式是指以线上学习为主，线下学习为辅的学习模式，线下学习中教师会对其需要做出调整；增强虚拟模式是指除了线下学习必须由教师监督控制，学生可以自主完成其他的线上课程①。Carol A. Twigg 博士在课程重新设计专案的实验中，归纳了五种混合式学习模式：第一种是补充模式，该教学模式的特征是基本保留传统课程的基本架构，在课题教学时间不变的基础上增加网络教学活动；第二种是取代模式，该教学模式的特点是根据学生自己或小组活动的安排，对课堂教学与网络学习时间进行适当的调整；第三种是中央市场模式，该教学模式的特点是通过网络教学平台，允许学生选择适合自己的学习方式并对学习进度进行及时的调整，允许学生自己安排学习时间；第四种是完全线上模式，该模式的特点是网络教学活动全权由教师负责，包括对学生的问题进行答疑，参与讨论并给予及时回应；第五种是自助餐模式，该模式的特点是从学生角度出发，尽可能地给学生提供更多的选择，并要求每门课程应具备弹性②。国家信息技术学院学者

---

① ［美］迈克尔·霍恩，［美］希瑟·斯特克. 混合式学习［M］. 北京：机械工业出版社，2015.

② 邹景平. 美国大学混合式学习的成功应用模式与实例［J］. 中国远程教育，2008（11）.

Purnima Valiathan（波尼姆·魏利森）在研究中提出三种混合式学习模式：第一种是技能驱动型模式，该模式的特点是学生自主学习知识和技能，教师则通过网络教学平台对学生进行指导，该模式体现了学生"主体"和教师"主导"的双主型学习模式；第二种是态度驱动型模式，该模式是指将传统课堂教学模式与网络教学模式进行有效的融合，在线下的课堂将学习内容交代给学生并提出预期成果，然后通过网络技术来锻炼学生合作学习的能力；第三种是能力驱动型模式，该模式是指师生通过网络教学平台共同完成学习活动，同时对教师及学生与教师的互动进行观察来获得隐性知识[1]。学者 Yen 和 Lee 指出混合式教学是"教学模式的根本变革与二次设计"，并总结了混合式教学的三个基本特征：首先是以学生为中心；其次是增强了学生、教师、学习内容以及外部资源之间的交互；最后是采用形成性评价与总结性评价相结合的评价方式[2]。

美国布鲁克学区于 2009 年采用了混合式学习模式。通过调查发现，加利福尼亚有将近 70% 的学区运用了混合式教学的方式获取知识。采用混合式学习方法的学生能够随时随地在学校图书馆上网，学习自己所需要的知识。美国许多中小学教师会在教学开始时，给不同的学生分配不同的问题，然后让学生利用网络对问题进行探究与讨论，这种教学方法不仅能够使教学收集到丰富的教学素材，还能进行丰富的教学活动，使学生充分参与其中。美国对全美的高校进行调查，发现在线课程的数量在美国高校开设的课程中占比呈现持续上升的趋势，在这些在线课程中，上升最为迅速的是以混合式教学模式授课的在线课程，并且采用混

① Pumima, Valiathan. Blended Learning Models［DB/OL］. http//www. astd. org/LC/ 2002/0802 valiathan. htm. 2002（8）.

② Yen J, Lee C Y. Exploring Problem Solving Patterns and Their Impact on Learning Achievement in A Blended Learning Environment［J］. Computers & Education, 2011（1）.

合式教学的高校占了全美高校的 4/5；在英国高校的信息化教学建设中，其中混合式教学占比达到了 50%，辅助式 E-learning 占比达到了48%；混合式教学在亚洲高校信息化教学中的使用也逐渐增多，新加坡80%以上的师生都使用混合式教学来辅助教学①。尼日利亚学者 Ige 在尼日利亚翁多地区一些初中进行了混合式教学实践研究，其教学实践结果表明，混合式教学能够有效地转变基础教育领域中"以教师为中心地位"的传统教学模式，并重新强调了学生的主体地位，另外，教学结果还表明混合式教学对学生的学习效果具有显著影响②。

综上所述，混合式教学在国外最早是由企业培训提出应用，而后被引入到的学校教育、医学教育等领域中。随着深入的研究，从单一的混合教学模式发展到多样化的混合教学模式，其应用越发广泛。目前混合式教学在各个学科和各个方面均取得了相当不错的研究成果，但对于混合式教学的研究还处于探索阶段，这为适应时代的教育事业发展指明了方向。

三、混合式教学现状

2000 年，在"美国教育技术白皮书"中首次提出了混合式教学这一术语，同时指出"e-learning 无法取代传统课堂"③。最早在国外的企业培训中发现了混合式教学，而到 20 世纪初期，美国的教育学专家才开始对其进行研究，使"混合式教学"正式面世。

---

① Bashar M I, Khan H. E-Learning in Singapore：A Brief Assessment ［J］. Ssrn Electronic Journal, 2010.

② Ige O A, Hlalele D J. Effects of Computer－aided and Blended Teaching Strategies on Students'Achievement in Civic Education Concepts in Mountain Learning Ecologies ［J］. Education & Information Technologies, 2017 (33).

③ 狄晓暄. 以混合式教学改善远程教学效果的研究 ［D］. 首都师范大学, 2011：5.

1. 混合式教学设计相关研究

Harvey Singh 将混合式学习的途径总结为亲身实践、同步在线学习、异步学习等三类学习形式。亲身实践学习即教师课堂讲授、学习者实地实践等方式的学习；同步在线学习即用网络、虚拟教室、即时信息、电话会议等方式的学习；异步学习即指使用资料、网页、基于网络的评估、测试、调查等方式的学习①。加里森教授（Garrison）认为混合式学习是将课堂面对面学习体验和在线学习体验结合在一起的学习②。格雷厄姆（Graham）不把在线学习时间作为衡量标准，认为只要是在线和面对面指导相结合的学习就是混合式学习，他按照混合的最初目的，将混合式学习分成三类：发生性混合、促进型混合、改变型混合③。学者 Shibley（希布利）在研究中针对混合式教学课程设计提出相关的 10 条建议：始于客观的学习、创设课前学习路径、创设课中学习路径、创设课后学习路径、组织多样化的交互形式、鼓励交流合作、使用在线资源、使用等级激励法、向教师寻求帮助、保持组织化。他在研究中还指出，第一次组织混合式教学课程时，网络教学与面授教学时间尽量各占50%④。克雷格·巴勒等认为混合式学习分为基于网络的传输、面对面学习的处理、形成一定的产品、协作延伸学习等四阶段混合教学模式。其中基于网络的传输（Web-Based Delivery），该阶段的特点是教师将相关学习资料放在 web 上，学生可依据自身需要随时浏览材料。其学习材料包含专家的联系方式，如果学生在学习时遇到了难题或者想跟专家进

---

① Harvey Singh. Building Effective Blended Learning Programs［J］. Educational Technology，2003（6）.

② Garrison D R，Kanuka H. Blended learning：Uncovering its transformative potential in higher education［J］. Internet and Higher Education，2004（2）.

③ Graham C R. Blended learning systems：Definition current trends and future directions［C］//In C. J. Bonk and C. R. Graham（Eds.）. Handbook of blended learning：Global perspectives，local designs. San Francisco，CA：Pfeiffer，2006：3—21.

④ 秦楠. "互联网+"背景下混合式教学模式建构研究［D］. 山东师范大学，2017.

行深入探讨，学习者可以随时联系专家。面对面学习的处理（Face-to-face Processing），尽管 web 平台在传递学习资料方面十分便捷，但是，人与人之间的交流互动，增强彼此间的理解同样重要，面对面交流不仅是一个倾听的过程，更应该是一个促进知识构建的过程。形成一定的产品（Creating Deliverables），在学习过程中仅建构知识是不够的，应该在知识的分享过程中生产出有形的产品，一般可以通过三条途径来创造，完成后与教师或者同伴通过电子邮件交流探讨，这个途径有利于学生全面思考问题，学习者发布写作纲要，与小组成员以及教师共同观看与讨论并进行评论与反馈，完善作业的最后版本并发布在平台上。协作延伸学习（Collaborative Extension of Learning），学生们自行组成两至三人规模的小组，各小组保持每个月一次长达一小时的经历、想法与心得的分享。其他时间小组成员之间可以通过电子邮件、网络学习社区保持联系①。Thuy N. T. Thai 强调在混合式教学设计中，电子学习和传统面对面之间要保持平衡，指出网络授课时，视频录制的授课时间不应超过20 分钟，否则会影响学生的注意力。在混合式教学中，提出能促进学生理解的问题会带来更有意义的学习和更高水平的成就②。佛罗里达中央大学 Dziuban 等学者在研究中指出混合式教学效果的关键在于教学设计，包括在教学过程中如何促进交流互动，考虑并决定什么内容适合面授、什么内容适合在线学习以及如何在教学过程中激发学生积极参与，学者通过研究发现与面授或完全在线学习的学生相比，参与混合式教学的学生学业完成率更高。Cheung 和 Hew 分析并描述了新加坡国立教育学院长达 12 年的混合式教学模式。虽然有些方面有些许变化，但教学

---

① 何克抗. 教育技术学［M］. 北京：北京师范大学出版社，2002.
② Thuy N. T. Thai, Bram De Wever, Martin Valcke. The impact of a flipped classroom design on learning performance in higher education: Looking for the best "blend" of lectures and guiding questions with feedback［J］. Computers & Education, 2017, 107.

方式主要是面授课堂和线上教学相结合的混合式教学模式。学者在研究中还针对教学设计提出了建议，如提高学生对在线讨论意图的理解，才能让学生获得更高的满意度，另外，在线讨论中可允许学生匿名参与，提高学生参与的积极性①。Joi Bersin 将混合式教学的设计过程分为四个基本环节：第一，通过分析学习者内心的期待和需求，提高教学内容的针对性，避免教学的盲目性；第二，根据学生的实际情况和内在需求制定教学设计和评价标准，教学设计要具有可行性与具体性，评价标准要具有反馈性；第三，挖掘并整合教学资源，使教学资源系统化、有关联性，再使用合适的媒介将教学资源对学习者进行完整呈现；第四，实施教学计划并跟踪实施效果，落实教学计划，并对教学效果进行及时的评价，在教学过程中进行监测并及时地给予反馈，从而调整教学计划或内容②。Porter 和 Graham 学者通过调查研究，提出混合式教学的实现过程分为策略阶段、组织阶段以及支持阶段。第一个阶段应解决混合式教学的整体规划，第二个阶段主要是解决好混合式教学的组织实施，最后一个阶段应解决混合式教学的保障问题③。学者 Carman 通过研究提出混合式教学的 5 个关键要素：一是现实活动，指在教师主导的教学活动中，所有学生能够在同一时间所参加的教学活动；二是自主学习，指学习者根据自己的学习进展和时间进行自主独立学习；三是协作，指学生之间的交流互动，如通过电子邮件交流、网上聊天或在线讨论；四是评价，指衡量学生的知识水平，前期评估发生在教学或自学前，用来评估确定学生的前期知识，后期评估可以紧跟学习计划或在线学习活动，以

---

① Cheung, W. S. &HEW, K. F. Design and evaluation of two blended learning approaches：Lessons learned ［J］. Australasian Journal of Education Technology, 2011, 27 (8).

② Josh Bersin. Blended Learning：what works? ［EB/OL］. http：//www. bersin. com, 2003－5－16.

③ Porter W W, Graham C R, Spring K A, et al. Blended Learning in Higher Education：Institutional Adoption and Implementation ［J］. Computers & Education, 2014, 75 (3).

测量学习的迁移程度；五是学习支持材料，辅助材料的使用可以帮助学习者加强知识的巩固和迁移，如 PDF 文件、打印的资料、文章摘要等。

2. 混合式教学效果相关研究

学者 Thai 通过教育教学实践比较了翻转课堂、混合式教学、单一面授和单一在线四种教学模式下学生学业成绩、自我效能感、内在学习动机和学习灵活性，主要是观察这四种教学模式对学生学习的四个维度的影响。实验结果证明了翻转课堂模式下学生的学业成绩优于其他教学模式。研究还表明翻转课堂教学模式和混合式教学模式能够提升学生的自我效能感和内部学习动机。还有部分研究通过观察学生参与混合式教学后，学习成绩和满意度是否有变化。另外，还有一些研究通过问卷或访谈方式来观察学生对于混合式教学的满意度，大部分研究结果表明学生对混合式教学持积极态度。Means，Toyama 等学者通过分析 1996 年至 2008 年期间发表的关于高等教育领域混合学习的相关实验研究，最后总结出单一的 E-Learning 的教学效果与单一面授教学效果差异性不大，但是混合式教学模式的教学效果比单一的在线或者面授课堂效果更好[①]。学者 Hughes 通过为大学生设计一系列有关混合式教学课程，并进行了教学实践研究，研究结果表明，如果对差生实施混合学习并给予积极的鼓励与帮助，那么他们的作业质量就会得到显著的改善，记忆速度也会有所提升，学者还指出混合式学习有利于教师进行更好的管理[②]。学者 Owston（奥斯顿）从混合式学习的总体满意度、学习知识的获得性、学习投入程度以及对学习成果的认识程度四个角度对混合式学习课程感知与学习成绩之间的关系进行了研究，研究结果表明以上四项

---

① Means，B，Toyama，Murphy，R. F，& Baki . The Effectiveness and blended learning：A meta-analysis of the empirical literature ［J］. Teachers College Record，2013，775（3）.

② 赵玉琴 . 基于"互联网+"的高职思政课混合式教学模式应用研究 ［D］. 河北师范大学，2020.

内容都与学习成绩有关，成绩优异的学生认为混合式课程更方便、更新颖，能使学生获得较高的满意度，但对于成绩不佳的学生来说，则没有优生这么多体验感①。Jen-Her Wu 等学者对参加混合式课程教学的 212 名大学生进行了调查研究，研究中学者指出计算机自我效能感、学习绩效预期、学习内容、教学平台的功能以及交互五个因素对学生的混合式学习满意度有影响。尤其是学习内容的特征以及教学平台的功能对学习满意度有着显著的影响，交互主要是对学习氛围有着明显的影响②。密歇根大学 Prahalad 教授研发了一项名为"PRAJA"的信息平台技术，该信息平台的关键作用是用来增强混合式教学效果。经过调查与教学实验发现，在混合式教学过程中，学生由之前的课堂被动的听讲者主动转换成了知识的创建者，另外，学生会主动使用网络资源丰富自己的课后学习活动③。日本学者安达一寿教授通过教学实践研究混合式教学模式的教学效果。通过教学实践发现，在进行课堂教学前将下节课的学习内容呈现在电子版上能够激发学生的学习动机以及学生在课堂上的投入度。另外，如果将与教学有关的信息和课题呈现在电子版上能够提高学生的登录频率。学者还发现学生还喜欢采用一些小测试来进行学习巩固，通过期末成绩的对比发现积极配合在线学习的学生成绩都有显著的提高。但是，学者在研究中还指出混合式教学模式也不是全能的，通过研究发现，在混合式的教学过程中并不是所有的学生都有高度的自主性和自觉性进行在线辅助学习，积极自觉利用电子提示板的学生会在课前

---

① Ron Owston, Dennis York, Susan Murtha. Student perceptions and achievement in a university blended learning strategic initiative [J]. Internet and Higher Education, 2013, (18).

② Jen-Her Wu, Robert D, Tennyson, Tzyh-Lih Hsia. A study of student satisfaction in a blended e-learning system environment [J]. Computers& Education, 2010, (55).

③ Barbara Means, et al. Evaluation of Evidence-based Practices in One Learning: A Meta-analysis and Review of Online Learning Studies [M]. Washington, D. C. U. S. Department of Education, 2010.

主动预习教材内容，也会主动参与小组讨论，不仅提高了他们的思维能力，也加深了自己对知识的理解①。Shih 学者在教学实践研究中采用视频教学与传统口语训练方式相结合的混合式教学方式，证明了混合式教学相较于传统教学更能提升学生的口语能力，获得更好的教学效果②。学者 MVLópez-Pérez 通过搜集西班牙格拉纳达大学大量混合式课程的案例，通过研究指出混合式教学的运用大大降低了学生的辍学率并提高了考试通过率和学生学习成绩。另外，学者还指出通过混合式教学能增强学生的学习动机，提高学生自我效能感以及学习满意度③。Bernard，Schmid 等学者通过研究混合式教学相关资料也总结出，将混合式教学模式运用在高等教育阶段教学效果会更好④。学者 Grgurovic 通过分析高校外语教学中 7 个外语语种的混合式教学实践，比对混合式教学模式与传统教学模式教学所产生的教学效果，来观察混合式教学的有效性。研究表明，无论是哪一个语种的听说读写的教学效果，混合式教学效果明显优于传统教学模式。研究中还提出，混合式教学的有效性还受到信息技术问题以及师生对在线学习环境熟悉度的影响。学者 Delialiogl 通过教学试验对混合式教学课程与传统的教学课程的有效性进行了对比，其对比结果表明学生对混合式教学课程的满意度较高，但是研究还表明两种课堂教学模式下学生的学习成绩以及知识保留方面没有显著的差异，

---

① 析渡边惠子. 日米高等教育におけるeラーニング普及状況の差异の要因分析［DB/OL］. http：//www. nii. ac. jp/openhouse/h16/archive/PDF/707. pdf/2008.

② Shih R C. Blended Learning Using Video-Based Blogs：Public Speaking for English as a Second Language Students［J］. Australasian Journal of Educational Technology，2010，26（6）.

③ López-Pérez M V, Pérez-López M C, Rodríguez-Ariza L. Blended Learning in Higher Education：Students' Perceptions and Their Relation to Outcomes［J］. Computers & Education，2011（3）.

④ Bernard, R. M. , Borokhovski, E, Schmid, R. F. , Tamim, R. M. , R. M. & Abrami, P. C. . A meta-analysis of blended learning and technology use in higher education：from the general to the applied［J］. Journal of Computing in Higher Education，（4）.

因此研究认为在采用混合式教学时，不应该只把关注点放在技术上，应将更多的重心放在技术使用方式上，这样才能促进学习内容与认知之间的互动①。

3. 混合式教学过程相关研究

如 Francisco-Javier，Hinojo-Lucena 等学者指出课堂和虚拟教学相结合的方式和比例将取决于教学过程发生的环境的需求和特征。其通过对混合式学习方法和说明性学习方法在基础职业学生培训的运用效果进行研究，发现 B-learning 学习方法能强化学生学习动机，提高学生学习成绩，增进师生之间的关系，培养学生的自主性与合作意识②。Anh-Nguyet Diep，Chang Zhu 通过实验调查提出在 BL 环境中，教师对学生学习的支持质量、大量文献报道良好的支持服务质量、社交和动机认知因素是影响学生满意度的重要因素。研究指出在 BL 和在线学习环境中，教师承担着五个角色，包括课程设计者和组织者、讨论主持人、社会支持者、技术主持人和评估设计师③。Robert M. Bernard 指出动机是 BL 环境中成功学习的关键，因此应构建鼓励自我效能感、激发兴趣和内在动机并确保任务价值的学习环境。通过研究发现在 BL 任务中建立合作学习的机会，可以改善在线学习的效果，不仅可以增强学习能力，而且可

---

① Omer Delialioglu, Zahide Yildirim. Design and development of a technology enhanced hybrid instruction based on MOLTA model: Its effectiveness in comparison to traditional instruction [J]. Computers& Education, 2008 (51).

② Francisco-Javier Hinojo- Lucena, Juan-Manuel Trujillo-Torres, José-Antonio Marín-Marín, Carmen Rodríguez-Jiménez. B-Learning in Basic Vocational Training Students for the Development of the Module of Applied Sciences I [J]. Mathematics, 2020, 8 (7).

③ Anh-Nguyet Diep, Chang Zhu, Katrien Struyven, et al. Who or what contributes to student satisfaction in different blended learning modalities [J]. British Journal of Educational Technology, 2017, 48 (2).

以加强激励和自我调节①。学者 Sharlene Hesse-Bibe 认为目前美国的混合式教学还面临些许挑战，混合式教学课堂中教师一般是自学，对混合式教学模式下的教师缺乏充分训练，因此需要开发一种基于团队合作的混合教学方法，为学生配备合适的教师②。Lin Y. Muilenburg 等学者在研究中通过调查上千名在线学习者，总结出网络学习中普遍的八种困难，包括社会交互，如师生之间或生生之间缺少交流互动和合作学习；管理和教师的问题，如教师资源的匮乏以及学习材料的传递等；时间和对学习的支持，如线上学习的时间分配等；学习者动机，如学生的学习动机是否强烈或存在什么样的学习动机；技术问题，如缺少系统的安全的网络教学平台或软件；费用和上网问题，如网络学习花销大的问题；技术技能，教师或学生缺少软件技能，或对在线学习工具不熟悉；学习技能，如学习者缺乏阅读、写作和交流能力③。

　　通过对国外混合式教学研究的分析能够看出，国外的混合式教学模式大致可以分为四类：第一类是小学阶段运用较为广泛的循环模式混合式教学。其主要特征就是对学生进行课堂面授教学与网络指引学习的交替学习进行混合式教学的实施。第二类是运用于高中阶段的流动模式混合式教学，其主要特征就是学生拥有选择学习场所的自主权，学生可以通过在线学习完成学习任务。第三类是运用于高等教育的自我调节模式混合式教学，其主要特征是学生选择必要学习以外的在线课程来完成学业，从而获得学位证书。第四类是增强虚拟模式混合式教学，该模式的主要特征是那些不能参加面对面教学的学生可以通过在线课程进行独立

---

① Robert M. Bernard, Eugene Borokhovski, Richard F. Schmid, et al. A meta-analysis of blended learning and technology use in higher education: from the general to the applied [J]. Journal of Computing in Higher Education, 2014, 26.

② Sharlene Hesse-Biber. The problems and prospects in the teaching of mixed methods research [J]. International Journal of Social Research Methodology. 2015, 5 (18).

③ 李敬东. 远程教育课程混合式教学个案研究 [D]. 首都师范大学, 2006.

学习。

综上所述，国外比国内先一步发展混合式教学，国外关于混合式教学的研究已经接近成熟发展阶段。国外学者不仅在混合式教学的相关理论研究中取得了一定的成果，还对其应用性研究以及实用性研究获得了一些突破。通过实验研究以及数据统计，发现国外混合式教学的应用正在逐年增加。混合式教学符合当前时代发展的趋势，在这种发展趋势下，混合式教学是最适用于高等教育的教学模式。

第四节　小　　结

综上所述，笔者将国内外学者们对混合式教学的定义和应用等方面的研究进行总结分析，总结了混合式教学法的优缺点。混合式教学是一种处在教育前沿的教学方法，该教学模式结合了传统课堂教学与网络教学的优势，在教学中能够充分突显学生的主体地位，并引导教师在教学中只需起到监督、启发、引导的作用。通过该教学模式来充分发挥学生学习中的主观能动性，培育与提高学生的创新思维和自主学习能力，该教学模式不仅能够促进学生的个性化发展，而且符合学生身心发展的需求。在我国，大部分教师思想过于保守，崇信传统教学，对于网络学习这种新生事物难以接受，因此混合式教学的开展受到了阻碍。笔者将国内外各个学科对混合式教学的引入进行研究分析，认识到不能盲目抛弃传统羽毛球教学，而是应该将混合式教学与传统羽毛球教学的优势进行结合来构建一种新的教学方法。利用网络中丰富的教学资源，引导学生由浅入深地了解和掌握知识技能，加强学生对于羽毛球理论知识和技战术的理解，在课堂中积极与学生进行互动，对课程资源做好及时讲解，不断提升羽毛球课堂教学效果和整体课堂质量，推进羽毛球教学改革。

第三章 相关理论基础

第一节 建构主义学习理论

教学实践的执行必须要有一定的学习理论作为指导。20世纪50年代以来，许多学习理论随之诞生，如认知主义学习理论、行为主义学习理论等。皮亚杰学者提出的建构主义学习理论有以下教学方面的思想内容：第一，学生不应该只是知识的接受者，在教学中要以学生为中心，学生在教学中要主动对知识进行建构，要根据自己当下的学习情况调整学习目标，教师在教学过程中是学生的引导者和帮助者。第二，学习过程中要注重协作学习，他指出学生之间通过相互交流与讨论可以使学习者全面地认识问题。第三，教师在教学过程中要给学习者提供丰富的资源，以便学生进行意义构建。第四，要加强在实际情境中进行教学，可以给学生营造熟悉的情景，启发学生的思维。

目前研究生羽毛球课程较为突出的问题之一就是学生在学习过程中是被动学习，学习主动性不高，学习积极性差，无法满足学生的个性化发展。以建构主义学习理论为基础，能够针对性地解决目前课堂上的突出问题。另外，信息技术的出现与发展为建构主义学习理论落实于实践提供了技术支持，从另一个角度来看，建构主义学习理论又为现代的信息化教学提供了理论支撑，混合式教学法作为现代信息技术教学的形式之一，自然而然可以将建构主义学习理论作为理论支撑。

混合式教学在建构主义的理念指导下，在其学习过程中不仅明确了学生的主体地位，还强调建设有利于学生学习的环境，强调学生主动对知识进行构建，强调加强学习者之间的互动。在传统课堂教学中教师处于中心地位，整个教学过程都是教师在讲授知识或者帮助学生答疑，学生因为时间或者其他因素的限制而无法进行充分的思考和交流互动，完全的在线学习又无法统一学生的时间或者学生之间有着很大的空间距离，但是在混合式教学可以增强教师和学生之间、学生和学生之间的交流互动。教师通过互联网可以和学生进行线上互动，答疑解惑、合作学习、交流讨论。另外，对于课堂上传授的知识，学生可以在课下进行线上学习，对于课堂上没有进行探讨的内容，学生也可以在课下进行线上的探讨，同步和异步互动的结合打破了时间与空间的限制，加强了教学过程中的互动。混合式教学也给学生提供了丰富多样的学习资源，创造了有力的学习条件与环境，学生可根据个人需求进行个性化学习。

第二节　认知主义学习理论

认知主义，又称为认知学派，源自格式塔心理学派，它是一种学习理论。在认知主义理论中，它重视学习者如何接受、处理信息，并将整合的信息纳入现有的认知体系中，强调学习者的心理结构和知识的获得。学习取决于学习者已有的认知和如何将新信息整合到现有模式中，从而形成认知图示。认知主义的代表人物主要有皮亚杰、布鲁纳、奥苏贝尔等学者。皮亚杰的认知发展理论涉及知识本身以及如何逐渐获得、构建和使用它。他指出理解现实的变化发展离不开同化和适应两个基本步骤。布鲁纳的认知发展理论，强调领会学科的基本原理和观念以及认知结构的重要性。他还指出学习者要主动参与到学习中，学习兴趣的激发应当来自学习者内在动机，对教材进行编制时，需要考虑从学习的本身出发，激发学习者的兴趣，从学习中获得处理问题的能力。奥苏贝尔提出先行组织者策略，他认为学习应当是有意义的接受学习。先行组织者是指引导性学习材料的呈现应在某一学习任务之前，学习者认知结构中的原有观念应与先行组织者相关联，并强调了新知识与现有知识之间的关系，以此可以更好地将二者联系起来，通过引导学习者来构建新的知识框架。

经过探究，认知主义学习理论认为学习是学生积极主动地对内部心理进行加工，进而形成认知结构或改变认知结构，再经过认知操作活动引起外显行为的变化，学习的实质是建立在认知结构的基础上。学习不仅可以使学生的行为发生变化，还可以完善学习者的认知过程。在这个认知过程中，要强调学习者认知与思维能力的培养，要重视情境中事物之间的关联，要注重积极思考与加强理解的作用。另外，学习结果的获得是在尊重世界客观规律的基础上，进而获得知识，再运用知识来解决问题。因此，学习体现出两个特征：一是学生心理获得过程，一个是学习者与其所在环境的互动过程。

认知主义学习理论运用在羽毛球教学中，要求教师在设置问题情境时应充分考虑学生现有的心理特征，让学生在解决问题的过程中探索和发现真理，再运用所学到的知识和已有的知识解决新的问题，同时，还需要提醒学生对自身所处的环境有一个清晰的认知。学生应在学习过程中通过获得学习方法与学习策略来发展自己的认知能力，还要在交往互动中对获得的知识进行思考与理解，使所学到的知识更具有价值。另外，该理论还强调了学习者内部的学习意愿和学习主动性。当学习者内部动机受到激励时，会变得更加积极主动地去设置目标、理解任务要求、运用认知策略，进而获得新的知识，加强了学习者的学习动机，提高了学习者的学习兴趣，使学习者对学习始终充满信心，为进行深度学习奠基了良好的基础。因此，通过认知主义学习理论的视角，更好地理解浅层次学习投入与深层次学习投入的内涵，也为学生深层次学习投入如何实现和学习者的学习投入如何提高提供了强大的理论支撑和实践指导。

第三节　行为主义学习理论

行为主义在早期是著名的心理学流派之一，于 20 世纪初期正式地提出行为主义心理学。其理论代表有斯金纳、巴甫洛夫、桑代克等人，他们的研究将行为主义学习理论推至发展巅峰。华生学者受动物心理学的影响，认为心理学只研究意识、心理、感知等要素是不足够的，已无法满足当时心理学发展的需求，因此推动了行为主义心理学的产生。巴甫洛夫在行为主义心理学的自然科学的认识基础上提出条件反射学说，桑代克通过"联结说"中的刺激和反应来说明动物及人所有行为表现。新的行为主义理论有以下任务及观点：第一，巴甫洛夫以条件反射作为理论依据，将行为简单理解为刺激与反应之间的过程，通过反复地进行条件刺激，可以确立预期的相应反应。他还指出，刺激是强化物的特性，强化物在刺激出现之后或与刺激同时出现时，均可以提高反应发生频率。他还认为人的记忆主要是以事件或情景作为基础的，所以他又把记忆分为识记和保持两个阶段。第二，桑代克在联结主义的学习理论中指出，在刺激和反应之间产生联结时进行学习，能够加深刺激和反应的联结，桑代克经过试验研究，归纳了学习中的准备律、效果律、练习律。桑代克指出有经验的准备和一定的行为倾向是学习者学习的前提；而学习过程实际上就是一个盲目试误的渐进过程，其通过反复试错来增加相应行为的发生频率，用行为表现来检验学习效果和结果。第三，班杜拉在观察学习法中发现用观察法进行学习，而一切的学习方法都是在观察别人的行为表现或行为后果后获得的。班杜拉注意到，观察和学习主要是从榜样中习得行为的形成过程，观察者又对其进行自我强化，这有利于学习行为的重现。从班杜拉的模仿学习理论中可以看出，他在强调榜样学习的过程中，更重视学习者的认知过程对学习行为产生的作用。班杜拉认为，通过观察学习能够提高创新能力，观察学习过程为创新提供了丰富的认知与行为工具。他还指出通过观察学习提高创新能力的方法，当人们看到周围存在丰富多样的事物时，就会产生新的创新模式，被观察对象的多样化为创新提供了机会。

行为主义学习理论将"学习本质"论证为学习是学习者外显行为的改变和反应的强化，学习者处在一定环境刺激下或环境条件下将会表现出一系列行为的反应或变化。在行为主义学习理论指导下，教学强调学生接受教师的安排，然后表现出体现外部期望的学习行为，最终实现预设的学习目标。所以理论提倡反复进行练习的必要性，提出通过惩罚和合理的外部奖励对整个学习过程进行控制。所以，也可以理解为该理论指导下的学习行为是一种接受式学习行为，在这个理论指导下的学习就是教师将信息传给学生，学生就能掌握同样的信息资源，如果想要改进学习过程，就需要教师提高信息的清晰度，提高传递效率。另外，教师应安排适宜的教学环境，使学生对刺激表现出期望反应，最大限度地强化学生的积极行为。

本书将行为主义学习理论作为混合式教学法的理论基础，学生在混合式教学过程中的学习行为可以以一种可以观察到的方式出现，教师在混合式教学中，观察学生学习行为表现或频度，从而了解学生学习状态，在开展混合式课堂教学的过程中，可能会显示出关注、专注等学习行为，在线学习期间，具体表现在学习平台登录次数、教学视频学习时长、发帖数量和其他学习行为。为了提高课堂学习效果，需要对不同类型的学习者进行分类研究。教师可采用一定的方法（测试练习、对学习过程的评估等），给学生以学习刺激，从而强化学生在学习情境中采用教师预期的学习行为。如果教师所提供的刺激与学习者的学习动机具有一致性，那么这种学习行为就能得到进一步的强化和维持。

第四节　掌握学习理论

"掌握学习"理论是由教育家和心理学家 Bloom（布鲁姆）提出的教育教学理论。在传统教育理论中，学生的学习成绩是由学生的先天智力水平和学习能力决定的。传统教育观念还强调学生的学习能力和智力是高度稳定的、持久的，它们不仅仅适应学习阶段甚至贯穿人的一生。传统教育家们认为"智力和能力高的学生能习得学科中较复杂和抽象的观念，但是能力和智力低的学生只能学会最简单直观的观念"。但是学者布鲁姆在《新的学生观：对教学与课程的影响》一文中指出，掌握学习理论的核心就是"只要提供适当的条件，几乎所有的人都能学会一个人在世上所能学会的东西"，并且只要提供充足的时间与恰当的帮助，百分之九十五的学生都能学好一门学科，并能够达到高水平的掌握[1]。布鲁姆在研究"好学生和差学生""学得快的学生和学得慢的学生"的实验后得出结论"如果给学习者提供适当的学习条件，大多数的学习者在学习能力、学习的速度以及进一步的学习动机方面会表现得

---

① ［美］本杰明·S·布鲁姆等.布卢姆掌握学习论文集［C］.王钢，等译.福州：福建教育出版社，1986：46.

十分相似"①。掌握学习理论所表现出的学生观——"所有学生都能学好"有利于在学习过程中培养学习者的学习兴趣，转变学习者的学习态度，加强学习者的自我学习意识。

布鲁姆在掌握学习理论中指出，掌握学习策略的实质就是集体教学并对每个学生进行所需要的反馈以及个别化的矫正性帮助。其理论中所提出的群体教学就是传统意义上的班级教学，他强调教师在教学过程中要主动对学习者进行诊断式的形成性测试，以便及时了解学生的学习情况以及达到目标所要完成的学习任务，教师要根据学习者的学习情况针对性地调整教学，要尽力让每一位学习者都能掌握所学知识与技能。在传统的教育教学中，测试的作用往往是给学生划分等级的，用来甄别与选拔学生，很少有教师给学生反馈以及矫正和帮助。

混合式教学所体现的就是面向全体学生的学生观，并且采用集体教学和个别教学相结合的形式。首先，在进行班级群体面授教学的基础上，学生可根据自己的实际情况自定步调，进行个性化的自主学习。另外，教师也可以根据学生的个性化需求提供丰富多样的学习资源供学生选择，教师在教学过程中可以灵活及时地进行形成性评价，依据学生的在线学习行为数据了解学生学习过程中出现的问题，然后及时地针对性地给学生提供反馈并进行个别指导。混合式教学过程中，学生能够容易获得教师的个别关注，再加上个性化的学习条件，学生学习的兴趣得到提高，产生自我效能感，从而使学生的学习效果大大提升。与此同时，学生所形成的积极的学习态度也可以提升教师的教学信心，有利于增加教师与学生之间的互动，进一步促进相互信任、民主、和谐师生关系的建立。

---

① ［美］本杰明·S·布鲁姆等. 布卢姆掌握学习论文集［C］. 王钢，等译. 福州：福建教育出版社，1986：46.

第四章 研究对象与研究方法

第一节 研究对象

本书以湖南师范大学体育学院 2019 级、2020 级羽毛球专项的研究生为实验对象。

第二节 研究方法

一、文献资料法

本书通过对湖南师范大学收藏以及中国知网（CNKI）和万方等数据库对羽毛球教学、传统教学法、混合式教学法、混合式教学模式等词汇进行检索，主要获取相关领域专家学者的文献、专著、硕博论文。本书还从 Ebscohost、Google 学术搜索等外国数据库获取与本书研究相关的英文资料，通过文献的阅读总结、梳理分析、归纳和整理主要观点，对所研究问题进行拓展思考。运用文献研究法对以往有关混合式教学的概念以及特点内涵进行阐述，深化理论知识，为接下来的课题研究提供了学理支撑以及研究思路。

二、问卷调查法

本书除采用文献资料法外，在调查研究中还采用了问卷调查法。问卷是笔者根据本课题的研究维度，围绕混合式教学法在羽毛球教学中的实际情况所设计的，问卷的主要发放对象是参与本研究羽毛球教学实验的 40 名学生（男生 28 名、女生 12 名）。对实验对象的基本情况，以及对于教学方法的态度、自主锻炼性等维度进行问卷设计。经过信度以及效度检验后，删除不符合本研究的题项，筛选后作为正式问卷进行发放。

1. 问卷的内容与设计

本研究调查问卷的设计包括三个维度，分别是 A 羽毛球学习兴趣、B 教师的教学方式以及 C 自主锻炼情况。

2. 问卷的信度检验

表 4-1 KMO 和巴特利特检验

检验项目	检验指标	数值
KMO 取样适切性量		0.73
巴特利特球形度检验	近似卡方	72.23
	自由度	21
	显著性	0.00

通过对问卷数据进行 KMO 值和 Bartlett 球形检验，结果表明 KMO 值为 0.73>0.7，显著性为 0.00<0.05，说明此问卷的信度较高，所得数

据可以用于接下来的实验研究。

3. 问卷的发放与回收

问卷的发放对象为湖南师范大学体育学院 2019 级、2020 级羽毛球专项的研究生，在实验结束前一周向实验对象发放"羽毛球教学中学生满意度调查问卷"。问卷当面发放与回收，确保问卷的真实性，共计发放 40 份，回收问卷 40 份，问卷回收率 100%，其中有效问卷 40 份，问卷有效率 100%。

三、专家访谈法

专家访谈法是指通过与专家进行深入交流来获得研究所需要的有效信息，具有很强的适用性以及实施的灵活性，而且与问卷法相比，访谈法更具有直接性与深入性。本书针对研究的目的与研究的内容，通过面对面交流、打电话以及线上网络视频等形式对混合式教学研究、羽毛球教学方面的专家进行访谈，深入地了解当前混合式教学模式的应用与开展以及当前的羽毛球教学现状。

1. 访谈内容与目的

根据研究的目的与研究内容，向羽毛球教学以及相关研究方面的专家和具有深厚教学经验的羽毛球教练咨询并请教羽毛球教学的研究状况、传统羽毛球教学课堂中遇到和存在的难题以及将混合式教学法应用于羽毛球基础教学中的可行性，并探讨在混合式羽毛球教学应用过程中可能出现的问题，为潜在的突发状况做出全面的预防。

2. 访谈时间

2022 年 3 月至 6 月。

3. 访谈专家名单

表 4-2 访谈对象基本情况

姓名	工作单位	职位
李＊＊	湖南师范大学	教 授
罗＊＊	湖南师范大学	教 授
常＊	湖南师范大学	副教授
白＊＊	吉首大学	书 记
杨＊	湖南开放大学	校 长

四、教学实验法

本书将湖南师范大学体育学院2019级、2020级羽毛球专项的40名研究生作为实验对象，并根据前测成绩将40位学生分成两个小班进行教学。其中，第一小班作为实验组，在羽毛球教学中采用混合式教学法，第二小班为对照组，依旧采用传统教学法进行羽毛球教学。两个小班都由笔者教学。在教学时长结束后，对两个小班的各项成绩与学习满意度的变化进行对比，验证混合式教学法是否能够显著提高羽毛球课教学效果。

五、数理统计法

本书将所发的问卷以及实验所得数据进行收集整理之后，利用SPSS软件对问卷回收结果及实验所得数据进行整理分析，检验混合式教学法在高校羽毛球教学中的应用是否具有可行性。

第三节 研究技术路线

本课题研究运用混合式教学法对研究生羽毛球基本技术、技术组合和基本战术的教学体系进行阶梯式实验研究。首先，进行实验组和对照组的科学分组，然后对实验组和对照组三个阶段技能水平进行差异性分析，最后对教学效果进行满意度分析，以实现研究生的技能水平提高和教学效果的提升。整体框架思路如下：

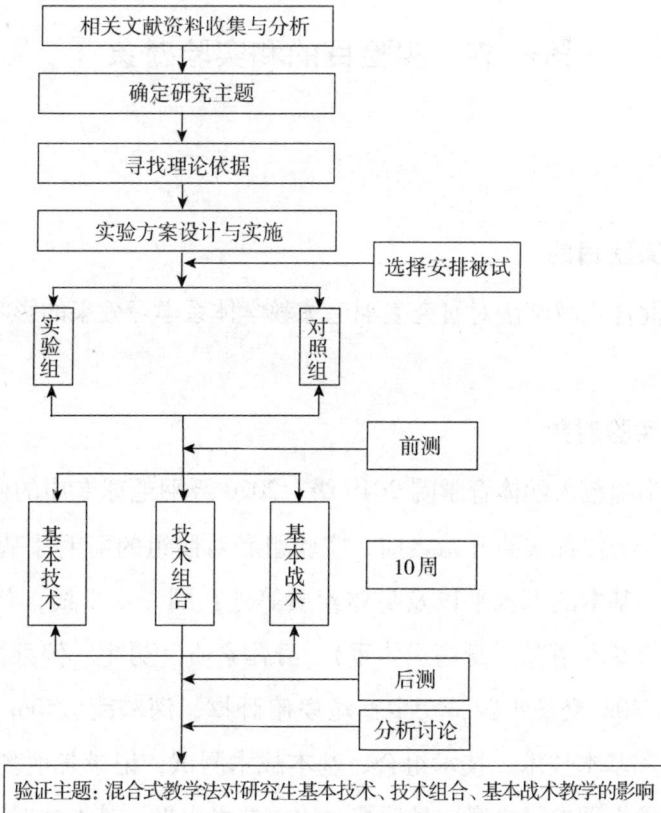

图 4-1 研究技术路线图

第五章 教学实验设计与实施

第一节 实验目的和实验对象

一、实验目的

检验混合式教学法对研究生羽毛球教学体系学习效果的影响。

二、实验对象

以湖南师范大学体育学院 2019 级、2020 级羽毛球专项的研究生为实验对象。为保证实验开始之前，实验组和对照组的羽毛球基本技术、技术组合、基本战术水平以及身体素质等处在同一水平线，首先对 40 名学生进行基本情况（身高、体重）、身体素质（男生：俯卧撑、深蹲跳、50m、30m 交叉步跑；女生：跪姿俯卧撑、深蹲跳、50m、30m 交叉步跑）和基本技术、技术组合、基本战术测试，记录各项测试成绩；再按照技术水平进行排序；最后综合比较技术水平、基本情况和身体素质，将实验对象分为基本无显著差异条件下的两组，每组 20 人。

三、教学时间

实验时间为 3 个实验阶段，每个阶段 10 周，每周 2 次课，每次课 90 分钟。两个组都使用正规的羽毛球场地进行教学，保证实验组与对照组在教学场地设施、任教教师等方面一致。为避免实验出现霍桑效应，本实验采用单盲实验。

第二节　实验控制

为确保实验结果的准确性和客观性，对实验干扰因素做出以下调控：

一、对照组、实验组前测

在实验开始前，预先对实验人员进行数据测试，并对数据进行检验，判断是否符合实验需求。

二、教学

实验组与对照组均由笔者担任教师，避免不同教师教学导致实验产生误差。在实验组的教学中，线上教学时长约为 8—12 分钟，线上教学相当于对照组讲解练习时间，从而保证实验组与对照组的教学时长一致。

三、课时与进度

实验组与对照组学习课时一致、进度一致。实验组在教学中采用混合式教学法，对照组在教学中采用传统的教学方法，同一课时的学生，教学内容、器材场地等外在变量保持相同，从而保证实验的准确性，确保实验真实可靠，并且实验结果能够达到预期标准。

四、实验地点

湖南师范大学体育学院羽毛球馆。

五、考核

为避免由笔者考核出现个人主观印象的影响，考核由校内外同行 5 名专家担任考官。

第三节　实验课时与教学内容

一、对照组教学设计

对照组的学生采用传统教学法进行课堂教学，在课堂上的环节主要是准备部分、基本部分、放松部分。准备部分包括集合、整队、师生问好、安排见习生、进行热身活动和游戏环节，基本部分主要是老师介绍课堂教学内容、技术动作的示范与讲解、学生辅助动作练习、老师讲解纠正、学生分解动作练习、老师讲解纠正、学生完成动作练习、老师讲解纠正、学生分组多球练习、老师讲解纠正，放松部分主要是进行肌肉的拉伸与放松，还有就是课堂总结。

表 5-1　对照组教学课次与内容

阶段	周数	周课次	教学内容
1	10	2	基本技术（发高远球、击高远球、吊球、挑球、搓球和步法）
2	10	2	技术组合（前场技术组合+后场技术组合+全场技术组合）
3	10	2	基本战术（拉吊突击、压反手、守中反攻和控制底线）

表 5-2　对照组第一阶段教学课次与内容（基本技术）

周数	课次	教学内容
1	1	学习握拍与正手发高远球
	2	复习正手发高远球 学习正手挑球
2	3	复习正手挑球及发球
	4	学习正手高远球
3	5	复习正手高远球 学习前场步法
	6	复习发球、挑球和高远球
4	7	学习正手搓球
	8	复习正手搓球 学习后场步法
5	9	学习正手吊球
	10	复习正手吊球 全场步法练习
6	11	复习搓球、吊球
	12	全场步法练习 学习移动正手挑球

续表

周数	课次	教学内容
7	13	复习移动正手挑球 学习移动正手高远球
	14	复习移动正手高远球 学习移动正手搓球
8	15	复习移动正手搓球 学习移动正手吊球
	16	复习移动正手吊球 移动正手挑球练习
9	17	移动击高远球练习 高远球对拉练习
	18	移动正手搓球练习 移动正手吊球练习
10	19	全场步法练习
	20	基础技术测评

表 5-3　对照组第二阶段教学课次与内容（技术组合）

周数	课次	教学内容
1	1	正手发高远球练习
	2	正手挑球练习
2	3	正手高远球练习
	4	正手搓球练习
3	5	正手吊球练习
	6	全场步法练习
4	7	前场挑、搓球练习
	8	后场高、吊球练习

续表

周数	课次	教学内容
5	9	前场挑球—后场高远球练习
	10	前场挑球—后场吊球练习
6	11	前场搓球—后场高远球练习
	12	前场搓球—后场吊球练习
7	13	全场步法练习
	14	前场搓球—后场高、吊球练习
8	15	前场挑球—后场高、吊球练习
	16	前场搓、挑球—后场高远球练习
9	17	前场搓、挑球—后场吊球练习
	18	前后场挑、高、吊、搓组合练习
10	19	前后场挑、高、吊、搓组合练习
	20	技术组合测评

表 5-4 对照组第三阶段教学课次与内容（基本战术）

周数	课次	教学内容
1	1	学习拉吊突击战术
	2	复习拉吊突击战术
2	3	拉吊突击战术练习
	4	全场步法练习
3	5	拉吊突击战术测评
	6	学习压反手战术
4	7	复习压反手战术
	8	压反手战术练习
5	9	全场步法练习
	10	压反手战术测评

续表

周数	课次	教学内容
6	11	学习守中反攻战术
	12	复习守中反攻战术
7	13	守中反攻战术练习
	14	全场步法练习
8	15	守中反攻战术测评
	16	学习控制底线战术
9	17	复习控制底线战术
	18	控制底线战术练习
10	19	全场步法练习
	20	控制底线战术测评

二、实验组教学设计

实验组的学生采用混合式教学法进行课堂教学，混合式教学法分为线上教学和线下教学，二者相互区别又相互联系。在课堂上的环节主要是准备部分、基本部分、放松部分。准备部分包括集合、整队、师生问好、安排见习生、进行热身活动和游戏环节。基本部分利用超星学习通软件进行线上学习、学生辅助动作练习、老师讲解纠正、学生分解动作练习、老师讲解纠正、学生完成动作练习、老师讲解纠正、学生分组多球练习、老师讲解纠正。放松部分主要是进行肌肉的拉伸与放松，还有就是课堂总结。为了更好地确保实验效果，排除其他教学因素的干扰，老师在临近上课前才会将学习内容上传到超星学习通，避免实验组的学生提前学习教学内容，线上教学的时间大致控制在与传统教学法中老师示范讲解的时间一致。线上教学利用大屏幕、手机、其他教学器具通过视频、图片、音频等形式将技术动作的细节与特点及整体度更清晰直观地传达给学生，特别是在较为复杂的技术动作上表现尤其明显。线下教学主要还是以多球练习为主，以分组进行的方式，老师随堂指导，内容、时长、强度传统教学法的对照组保持一致。

1. 上传课程资料

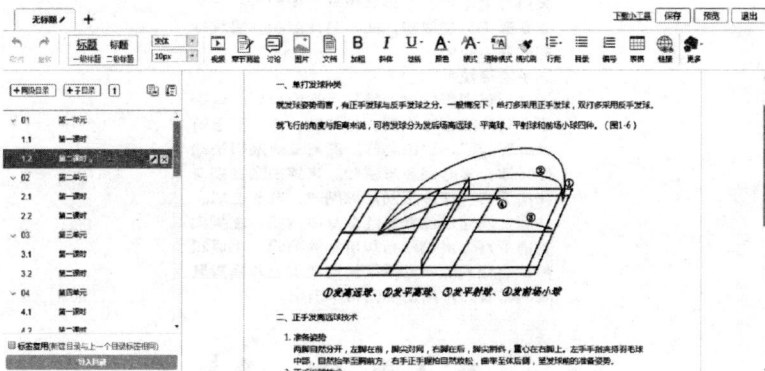

图 5-1 教师网络课程制作界面

2. 学生自主学习

学生利用大屏幕、手机、平板或其他电子设备观看老师上传的教学视频，对老师发布的教学资料进行反复、细致观看，可以采取独立思考或与同学形成学习小组的方式来进行讨论。主要了解技术动作，包括动作的整体呈现、技术细节，充分发挥线上教学直观的优势。在观看视频的时候，对于不懂或者不理解的地方反复观看，或者及时向老师请教，建立起正确的动作表象，这便是线上教学的核心目的。采用混合式教学法的线上教学时长与采用传统教学法的讲解示范时间尽量保持一致，线上学习结束后，统一将电子设备放好，确保不影响接下来的课堂教学。

中国移动 ⊙ ≋ ≋ ⁉ ▣ …　　　 ▣ ⩘ ✖ ⬛ ᵃᵈ ⬛ 傍晚5:0X

< 　　　　　　　章节

1.2 第二课时

1. 准备姿势
   两脚自然分开，左脚在前，脚尖对网，右脚在后，脚尖稍斜，重心在右脚上。左手手指夹持羽毛球中部，自然抬举至胸前方。右手正手握拍自然放松，曲举至体后侧，呈发球前的准备姿势。

2. 正手发球技术
   发球准备姿势站立，持球手松手放球，持拍手上臂外旋带动前臂充分伸腕，自下而上沿半弧形做回环引拍动作。同时身体随引拍动作转体，重心向左脚移动。当挥拍至右侧身体前下方，转体至面对球网时，准备击球。注意：发球最佳击球点在身体右侧，左脚尖的前下方。当拍面与球接触的瞬间，上臂和前臂迅速内旋带动手腕快速向前上方屈指展腕闪动发力，用正拍面将球击出。

图5-2 学生观看课程资源界面

3. 课堂练习

相较于传统教学法而言，混合式教学法在线上教学环节，学生对技术动作的动作表象的建立更有优势，在接下来的课堂教学中，老师主要是对他们的动作进行一个细节的纠正指导，以及训练时对于反复出现的问题加以强调，大多数时候让学生自己发现问题，培养自主发现问题、解决问题的能力。

表 5-5　实验组教学课时与内容

阶段	周数	周课次	教学内容
1	10	4	（1）网络学习基本技术 （2）基本技术（发高远球、击高远球、吊球、挑球、搓球和步法）
2	10	4	（1）网络学习技术组合 （2）技术组合（前场技术组合+后场技术组合+全场技术组合）
3	10	4	（1）网络学习基本战术 （2）基本战术（拉吊突击、压反手、守中反攻和控制底线）

表 5-6　实验组第一阶段教学课次与内容（基本技术）

周数	课次	教学内容
1	1	网络教学握拍与正手发高球 学习握拍与正手发高远球
1	2	网络教学正手挑球 复习正手发高远球 学习正手挑球
2	3	复习正手挑球及发球
2	4	网络教学正手高远球 学习正手高远球

周数	课次	教学内容
3	5	网络教学前场步法 复习正手高远球 学习前场步法
	6	复习发球、挑球和高远球
4	7	网络教学正手搓球 学习正手搓球
	8	网络教学后场步法 复习正手搓球 学习后场步法
5	9	网络教学正手吊球 学习正手吊球
	10	网络教学全场步法 复习正手吊球 全场步法练习
6	11	复习搓球、吊球
	12	网络教学移动正手挑球 全场步法练习 学习移动正手挑球
7	13	网络教学移动正手高远球 复习移动正手挑球 学习移动正手高远球
	14	网络教学移动正手搓球 复习移动正手高远球 学习移动正手搓球

续表

周数	课次	教学内容
8	15	网络教学移动正手吊球 复习移动正手搓球 学习移动正手吊球
	16	复习移动正手吊球 移动正手挑球练习
9	17	移动击高远球练习 高远球对拉练习
	18	移动正手搓球练习 移动正手吊球练习
10	19	全场步法练习
	20	基础技术测评

表5-7 实验组第二阶段教学课次与内容（技术组合）

周数	课次	教学内容
1	1	正手发高远球练习
	2	正手挑球练习
2	3	正手高远球练习
	4	正手搓球练习
3	5	正手吊球练习
	6	全场步法练习
4	7	网络教学前场技术组合 前场挑、搓球练习
	8	网络教学后场技术组合 后场高、吊球练习

续表

周数	课次	教学内容
5	9	网络教学挑、高技术组合 前场挑球—后场高远球练习
	10	网络教学挑、吊技术组合 前场挑球—后场吊球练习
6	11	网络教学搓、高技术组合 前场搓球—后场高远球练习
	12	网络教学搓、吊技术组合 前场搓球—后场吊球练习
7	13	全场步法练习
	14	网络教学搓、高、吊技术组合 前场搓球—后场高、吊球练习
8	15	网络教学挑、高、吊技术组合 前场挑球—后场高、吊球练习
	16	网络教学搓、挑、高技术组合 前场搓、挑球—后场高远球练习
9	17	网络教学搓、挑、吊技术组合 前场搓、挑球—后场吊球练习
	18	网络教学前后场高、搓、吊、挑技术组合 前后场高、搓、吊、挑组合练习
10	19	前后场高、搓、吊、挑组合练习
	20	技术组合测评

表 5-8 实验组第三阶段教学课次与内容（基本战术）

周数	课次	教学内容
1	1	网络教学拉吊突击战术 学习拉吊突击战术
	2	复习拉吊突击战术
2	3	拉吊突击战术练习
	4	全场步法练习
3	5	拉吊突击战术测评
	6	网络教学压反手战术 学习压反手战术
4	7	复习压反手战术
	8	杀球压反手练习
5	9	全场步法练习
	10	压反手战术测评
6	11	网络教学守中反攻战术 学习守中反攻战术
	12	复习守中反攻战术
7	13	守中反攻战术练习
	14	全场步法练习
8	15	守中反攻战术测评
	16	网络教学控制底线战术 学习控制底线战术
9	17	复习控制底线战术
	18	控制底线战术练习
10	19	全场步法练习
	20	控制底线战术测评

第四节　测试指标及评定方法

一、基本技术

通过对相关文献的收集探究和对相关专家的访谈，本研究将实验的考核内容分为正手发高远球、正手击高远球、正手挑球、正手搓球、正手吊球和全场步法，均由同一教师陪测。其中正手发高远球、正手击高远球、正手挑球、正手搓球以及正手吊球五个项目男女评分标准一致，步法评分男女做出区分，见表5-9。

表5-9　步法评分标准

性别 ＼ 分类	100	90	80	70	60	50	40	30	20	10
男（秒）	26.0	27.5	29.0	30.5	32.0	33.5	35.0	36.5	38.0	39.5
女（秒）	29.0	30.5	32.0	33.5	35.0	36.5	38.0	39.5	41.0	42.5

1. 正手发高远球测试方法及评分准则

如基本技术测试示意图5-3所示，测试者站在A区，离前发球线大约1m至1.2m，分别从右侧区发球5个和左侧区发球5个，并将球发到相应的有效区域，出界球、下网球和发球未过发球线均为无效球。落入不同区域的球，计分有所不同，根据球落入的区域进行统计，将各个发入对应区域的球的对应分数相加得出最后成绩。如图5-3所示，落在B区得10分，落在C区得8分，落在D区得5分，发球出界或发球下网、未过发球线的球为0分。

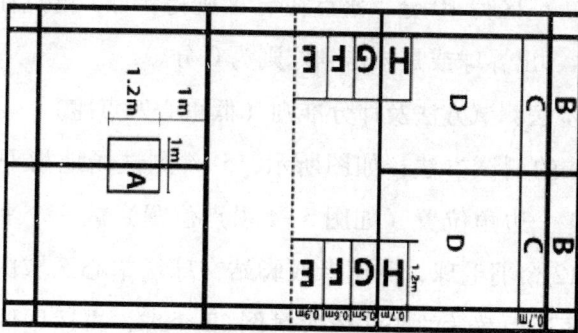

图5-3　基本技术测试示意图

2. 正手挑球测试方法及评分准则

如基本技术测试示意图5-3所示，测试者站在A区，由同一考官抛球，合计抛10个球，如果抛球下网、球出界，则重新抛球。如图5-3所示，测试者将球挑至后场B区得10分，挑至C区得8分，挑至D区得5分，挑球下网、出界球、未击中球则为0分。

3. 正手搓球测试方法及评分准则

如基本技术测试示意图5-3所示，测试者站在A区，由同一考官抛球，总计抛10个球，如果抛球下网、球出界，则重新抛球。如图5-3所示，学生运用正手搓球技术后球落至前场E区得10分，落至F区得8分，落至G区得5分，球下网、出界球、未击中球则为0分。

4. 正手击高远球测试方法及评分准则

如基本技术测试示意图5-3所示，测试者站在A区，由同一考官在对场发高远球，总计发10个球，发球出界则重新发球。若球落至对方场地B区得10分，落至C区得8分，落至D区得5分，出界球或是未击到球则为0分。

5. 正手吊球测试方法及评分准则

如基本技术测试示意图5-3所示，测试者站在A区，由同一教师在对场发高远球，总计发10个球，发球出界则重新发球。若球落至对方场地 E、F、G 区得 10 分，落点在 H 区则得 8 分，落点在其他区域得 5 分，下网球、出界球或是未击到球则为 0 分。

6. 全场步法测试方法及评分准则（低重心四点跑）

全场步法的测试方法：如图所示，5-4 测试场地为羽毛球单打场地，分别在 4 个边角位置（如图 5-4 黑点位置）放 3 个羽毛球，前后场总计放置 12 个羽毛球，测试者双脚站在球场中心区域内开始，依照顺时针的顺序运用教学的步法依次触倒 12 个球，再运用低重心跑回位中心（为端线到中心 2.5 米，半径为 0.4 米），考官通过秒表进行计时，最后记录时间，并根据步法评分标准，给出最终成绩得分。

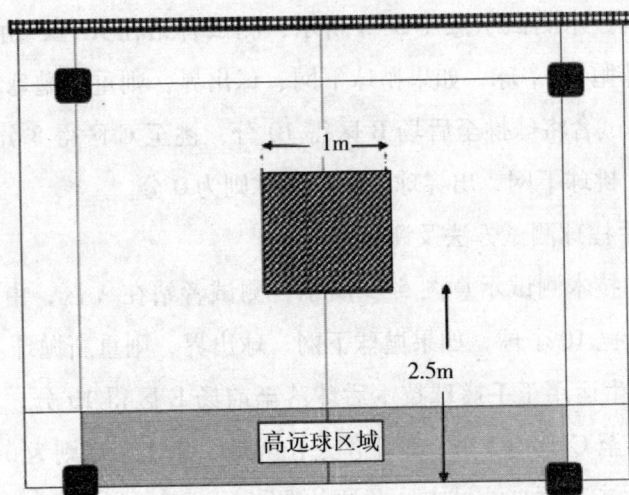

图 5-4 步法测试场地

二、技术组合

1. 前场技术组合

如技术组合测试示意图 5-5 所示，测试者站在 A 区，由同一考官在对场出球，学生按照挑球、搓球的顺序依次击球，完成 2 个基本技术为1组，共计5组，组间不停止继续测试，直至5组全部测完。挑球、搓球各5个，总计发球数为10个，发出界则重新发球。挑球落至后场B区得10分，挑至C区得8分，挑至D区得5分，挑球下网、出界球、未击中球则为0分；搓球落至前场E区得10分，落至F区得8分，落至G区得5分，球下网、出界球、未击中球为0分。测试完成共计10个球，前场技术最终得分=挑球得分+搓球得分。

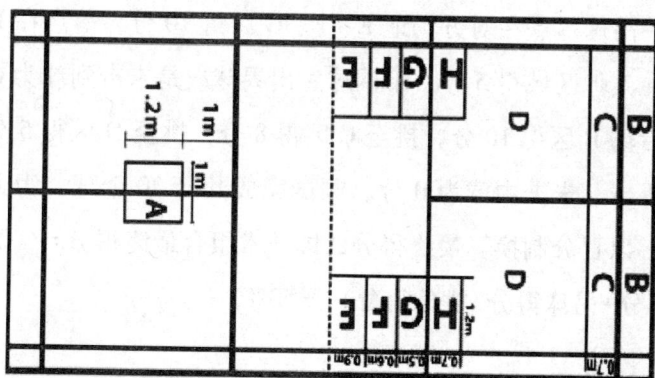

图 5-5 技术组合测试示意图

2. 后场技术组合

如技术组合测试示意图5-5所示，测试者站在A区，由同一教师在对场送出球，学生按照高远球、吊球的顺序依次击球，完成2个基本技术为1组，共计5组，组间不停止继续测试，直至5组全部测完。高远球落至对方场地B区得10分，落至C区得8分，落至D区得5分，出界球或是未击到球则为0分；吊球落至对方场地E、F、G区得10分，落至H区得8分，落至其他区域得5分，下网球、出界球或是未击到球为0分。测试完成共计10个球，即后场技术最终得分=高远球得分+吊球得分。

3. 全场技术组合

如技术组合测试示意图5-5所示，测试者站在A区，由同一教师在对场送出球，学生按照高远球、搓球、吊球、挑球的顺序依次击球，完成 4 个基本技术为 1 组，共计 5 组，组间不停止继续测试，直至 5 组全部测完。高远球、搓球、吊球、挑球各 5 个，总计发球 20 个，发出界则重新发球。高远球落至对方场地 B 区得 10 分，落至 C 区得 8 分，落至 D 区得 5 分，出界球或是未击到球则为 0 分；搓球落至前场 E 区得 10 分，落至 F 区得 8 分，落至 G 区得 5 分，球下网、出界球、未击中球为 0 分；吊球落点在对方场地 E、F、G 区得 10 分，落点在 H 区得 8 分，落点在其他区域得 5 分，下网球、出界球或是未击到球为 0 分；挑球落点至后场 B 区得 10 分，挑至 C 区得 8 分，挑至 D 区得 5 分，挑球下网、出界球、未击中球为 0 分。测试完成共计 20 个球，为方便运算统计，统一以百分制换算最终得分，即技术组合最终得分=（高远球得分+搓球得分+吊球得分+挑球得分）* 50%。

三、基本战术

基本战术测试要求学生用六拍球完成一次合理的进攻，结合课堂上学习的战术内容，自己组织战术策略。学生首先以书面形式设计自己的战术策略，并践行自己的战术策略。在实施过程中将会安排考评员辅助与被试者打战术配合，每位学生测试两次。

判断羽毛球战术的设计与运用是否合理主要看其是否符合以下技术风格：（1）快。主要表现为出手动作快，击球要抢高点，对移动的要求是步法的起动快、移动快、制动快以及回位快。要多采用弹跳步、蹬跨步、双脚起跳腾空击球来加快移动步法和提高击球点。另外，在比赛中反应要快，判断要准确并能够迅速抢位。在战术上要求做到突击进攻要快、防守反攻要快以及战术变化要快。（2）狠。主要表现为进攻狠，球的落点刁钻，使对手被动或无力反攻，还要抓住有利时机进行突击，要采用连续进攻方式或者用一拍解决战斗。（3）准。主要体现为球的落点要准，战机把握要准，掌握正确的技术动作以及具有多拍控制能力。（4）活。主要体现在握拍要活，站位灵活，步法灵活，战术路线变化要灵活。

通过观看学生战术实施过程，观察球的落点、球的速度、球路的变化、技术运用的合理程度以及技术球的使用来判断战术设计是否合理和战术实施的完成程度，并给出相应的得分。拉吊突击、压反手、守中反攻和控制底线4种基本战术各100分，基本战术总得分为4种战术的总均分，即基本战术总得分=（拉吊突击得分+压反手得分+守中反攻得分+控制底线得分）/4。

第六章 研究结果与分析

第一节 实验前对照组与实验组基本情况
及身体素质对比分析

一、实验前对照组与实验组基本情况对比分析

对照组与实验组男生均为 14 人，女生均为 6 人，在实验开始前对两组学生进行身体形态测量（身高、体重测试）并对所得数据进行独立样本 T 检验，检验结果可以看出，对照组男生平均身高值为 177.29cm、女生身高的平均值为 165.92cm，实验组男生身高的平均值为 177.11cm、女生的身高平均值为 165.23cm，通过数据分析检验，两组男生身高对应的检验显著性 P 为 0.433（P>0.05），女生对应的检验显著性 P 为 0.693（P>0.05）。在体重方面，对照组男生平均值为 68.23kg、女生平均值为 49.42kg，实验组男生平均值为 68.14kg、女生平均值为 49.48kg，通过数据分析检验，两组男生对应的检验显著性 P 为 0.724（P>0.05），女生对应的检验显著性 P 为 0.943（P>0.05）。通过分析数据可以得出结果，对照组与实验组男、女生在身高、体重、身体形态方面处于同一层次上，不存在显著性差异。

表 6-1　对照组和实验组男生身高、体重的差异性检验

项目	组别	个案数	平均值	标准差	T	P
身高	对照组	14	177.29	1.321	−0.809	0.433
(cm)	实验组	14	177.11	1.663		
体重	对照组	14	68.23	1.534	−0.361	0.724
(kg)	实验组	14	68.14	1.3		

注：$P<0.05$ 具有显著性差异，$P<0.01$ 具有非常显著性差异，$P>0.05$ 不具有显著性差异。

表 6-2　对照组和实验组女生身高、体重的差异性检验

项目	组别	个案数	平均值	标准差	T	P
身高	对照组	6	165.92	1.033	0.419	0.693
(cm)	实验组	6	166.23	1.322		
体重	对照组	6	49.42	1.239	0.076	0.943
(kg)	实验组	6	49.48	1.198		

注：$P<0.05$ 具有显著性差异，$P<0.01$ 具有非常显著性差异，$P>0.05$ 不具有显著性差异。

二、实验前对照组与实验组身体素质对比分析

在实验开始前对对照组与实验组学生进行身体素质测试，男生测试内容为俯卧撑、深蹲跳、50m 冲刺跑、30m 交叉步跑；女生测试内容为跪姿俯卧撑、深蹲跳、50m 冲刺跑、30m 交叉步跑。对测试后的数据进行差异性检验，可以得出在俯卧撑/跪姿俯卧撑上，对照组男生平均值为 41.21 个/分钟、女生平均值为 24.00 个/分钟，实验组男生平均值为 40.64 个/分钟、女生平均值为 24.33 个/分钟，经过数据分析检验，两组间男生俯卧撑对应的检验显著性 P 为 0.478（$P>0.05$），女生对应的检验显著性 P 为 0.813（$P>0.05$），可以说明对照组与实验组男、女生

在俯卧撑/跪姿俯卧撑项目上不存在显著性差异。在深蹲跳上，对照组男生平均值为 32.43 个/分钟、女生平均值为 16.67 个/分钟，实验组男生平均值为 31.43 个/分钟、女生平均值为 16.17 个/分钟，经过数据分析检验，两组间男生深蹲跳对应的检验显著性 P 为 0.200（P>0.05），女生对应的检验显著性 P 为 0.518（P>0.05），可以说明对照组与实验组男、女生在深蹲跳项目上不存在显著性差异。在 50m 跑上，对照组男生平均值为 7.03s、女生平均值为 8.53s，实验组男生平均值为 7.09、女生平均值为 8.64s，经过数据分析检验，两组间男生 50m 跑对应的检验显著性 P 为 0.159（P>0.05），女生对应的检验显著性 P 为 0.579（P>0.05），可以说明对照组与实验组男、女生在 50m 跑项目上不存在显著性差异。在 30m 交叉步跑上，对照组男生平均值为 10.08s、女生平均值为 14.50s，实验组男生平均值为 10.07s、女生平均值为 14.61s，经过数据分析检验，两组间男生 30m 交叉步跑对应的检验显著性 P 为 0.772（P>0.05），女生对应的检验显著性 P 为 0.842（P>0.05），可以说明对照组与实验组男、女生在 30m 交叉步跑项目上不存在显著性差异。由上可知，对照组和实验组在俯卧撑/跪姿俯卧撑、深蹲跳、50m 跑和 30m 交叉步跑项目上均不存在显著性差异，说明实验前对照组和实验组男、女生身体素质水平基本一致、处于同一水平，为后续实验的正常进行奠定了基础。

表 6-3　对照组和实验组男生身体素质的差异性检验

项目	组别	个案数	平均值	标准差	T	P
俯卧撑	对照组	14	41.21	3.262	0.73	0.478
（个/分钟）	实验组	14	40.64	2.590		
深蹲跳	对照组	14	32.43	1.604	1.349	0.2
（个/分钟）	实验组	14	31.43	2.027		

项目	组别	个案数	平均值	标准差	T	P
50m（s）	对照组	14	7.03	0.080	−1.495	0.159
	实验组	14	7.09	0.128		
30m交叉步跑（s）	对照组	14	10.08	0.172	0.296	0.772
	实验组	14	10.07	0.114		

注：$P<0.05$ 具有显著性差异，$P<0.01$ 具有非常显著性差异，$P>0.05$ 不具有显著性差异。

表6-4 对照组和实验组女生身体素质的差异性检验

项目	组别	个案数	平均值	标准差	T	P
跪姿俯卧撑（个/分钟）	对照组	6	24.00	1.789	−0.25	0.813
	实验组	6	24.33	1.751		
深蹲跳（个/分钟）	对照组	6	16.67	1.211	0.696	0.518
	实验组	6	16.17	1.169		
50m（s）	对照组	6	8.53	0.294	−0.593	0.579
	实验组	6	8.64	0.287		
30m交叉步跑（s）	对照组	6	14.50	0.894	−0.21	0.842
	实验组	6	14.61	0.818		

注：$P<0.05$ 具有显著性差异，$P<0.01$ 具有非常显著性差异，$P>0.05$ 不具有显著性差异。

第二节 实验前对照组与实验组羽毛球水平对比分析

一、实验前对照组与实验组各项基本技术水平对比分析

表6-5为对照组和实验组在各个项目实验前测试成绩的差异性检

验，从数据分析可知，在正手发高远球技术项目中，对照组测试的平均成绩为 70.90，实验组测试的平均成绩为 70.80，对应的检验显著性 P 为 0.937（P>0.05）；在正手挑球技术项目中，对照组测试的平均成绩为 71.60，实验组测试的平均成绩为 70.30，对应的检验显著性 P 为 0.213（P>0.05）；在正手搓球技术项目中，对照组测试的平均成绩为 71.40，实验组测试的平均成绩为 70.65，对应的检验显著性 P 为 0.620（P>0.05）；在正手击高远球技术项目中，对照组测试的平均成绩为 70.05，实验组测试的平均成绩为 70.80，对应的检验显著性 P 为 0.374（P>0.05）；在正手吊球技术项目中，对照组测试的平均成绩为 71.35，实验组测试的平均成绩为 71.65，对应的检验显著性 P 为 0.666（P>0.05）；在全场步法技术项目中，对照组的平均成绩为 74.50，实验组的平均成绩为 73.50，对应的检验显著性为 0.666（P>0.05）。通过实验组与对照组各个技术项目的对比可以看出，实验组与对照组的实验前测试的成绩没有显著的差异，说明参与实验的实验组与对照组的学生不论是在正手发高远球、正手挑球、正手搓球、正手击高远球、正手吊球，还是在全场步法技术上都是处于同一水平，为实验的成功进行奠定基础。根据实验前测试的成绩以及课堂教学中与学生交流得知，不管是实验组还是对照组，根据其实验前测试成绩来看，都普遍达不到优秀的标准，学生对于自身身体健康状况了解不够，平时缺乏一定的体能锻炼与技术专项锻炼，并且在测试中也会出现身体不适的情况，说明当前的学生在体育课堂上的运动量、运动负荷离要求还差距较大，学生缺乏长期系统性和针对性的锻炼。

表6-5 对照组和实验组在各个项目前测的差异性检验

项目	组别	个案数	平均值	标准差	T	P
正手发高远球前测	对照组	20	70.90	3.726	0.08	0.937
	实验组	20	70.80	4.873		
正手挑球前测	对照组	20	71.60	3.733	1.29	0.213
	实验组	20	70.30	2.812		
正手搓球前测	对照组	20	71.40	3.817	0.505	0.62
	实验组	20	70.65	4.332		
正手击高远球前测	对照组	20	70.05	3.605	-0.911	0.374
	实验组	20	70.80	2.668		
正手吊球前测	对照组	20	71.35	3.924	-0.438	0.666
	实验组	20	71.65	3.407		
全场步法前测	对照组	20	74.50	8.870	0.438	0.666
	实验组	20	73.50	8.127		

注：P<0.05 具有显著性差异，P<0.01 具有非常显著性差异，P>0.05 不具有显著性差异。

二、实验前对照组与实验组技术组合水平对比分析

表6-6 为对照组和实验组技术组合前测成绩的差异性检验，从结果可知，在前场技术中，对照组测试平均成绩为 69.10，实验组测试平均成绩为 69.40，对应的检验显著性 P 为 0.721 （P>0.05），说明在实验前对照组和实验组在前场技术上没有显著性差异。在后场技术中，对照组测试平均成绩为 69.45，实验组测试平均成绩为 69.20，对应的检验显著性 P 为 0.621 （P>0.05），说明在实验前对照组和实验组在后场

技术上没有显著性差异。在全场技术组合中，对照组测试平均成绩为68.98，实验组测试平均成绩为69.13，对应的检验显著性 P 为 0.685（P>0.05），说明在实验前对照组和实验组在全场技术组合上没有显著性差异。由上可知，对照组和实验组在前场技术、后场技术和全场技术组合上均不存在显著性差异，能力基本相近，奠定了后续实验成功的基础。同时可以看出前场技术、后场技术以及全场技术组合的得分均要低于基本技术的均分，可能是因为技术组合测试中技术的衔接、移动、体能的消耗等对学生造成一定的困难，难度增加导致得分降低。

表6-6 对照组和实验组技术组合前测的差异性检验

项目	组别	个案数	平均值	标准差	T	P
前场技术组合	对照组	20	69.10	2.573	-0.363	0.721
	实验组	20	69.40	1.875		
后场技术组合	对照组	20	69.45	2.417	0.503	0.621
	实验组	20	69.20	2.608		
全场技术组合	对照组	20	68.98	2.081	-0.411	0.685
	实验组	20	69.13	2.089		

注：P<0.05 具有显著性差异，P<0.01 具有非常显著性差异，P>0.05 不具有显著性差异。

三、实验前对照组与实验组各项基本战术水平对比分析

表6-7为对照组和实验组在基本战术各项前测成绩的差异性检验，从结果可知，在拉吊突击战术项目上，对照组测试平均成绩为55.50，实验组测试平均成绩为57.00，对应的检验显著性 P 为 0.481（P>0.05），不存在显著性差异。在压反手战术项目上，对照组测试平均成绩为60.50，实验组测试平均成绩为61.00，对应的检验显著性 P 为0.789（P>0.05），不存在显著性差异。在守中反攻项目上，对照组测

试平均成绩为 55.50，实验组测试平均成绩为 57.50，对应的检验显著性 P 为 0.408（P>0.05），不存在显著性差异。在控制底线项目上，对照组测试平均成绩为 60.00，实验组测试平均成绩为 60.50，对应的检验显著性 P 为 0.804（P>0.05），不存在显著性差异。由各个基本战术项目的实验组与对照组单个对比可以得知，在所有实验前测试的项目中，实验组与对照组的实验前测试成绩没有显著的差异，说明参与实验的实验组与对照组学生在拉吊突击、压反手、守中反攻、控制底线战术上都是处于同一水平线上的，为后续实验的成功进行奠定基础。根据实验前测的成绩和学生交流可知，在基本战术前测中，得分远远低于基本技术和技术组合得分。在羽毛球阶段性教学和从易到难的程度依次是基本技术、技术组合和基本战术，基本战术在羽毛球运动中需要更多的学习与训练，在没有经过羽毛球系统教学的情况下，学生对基本战术不会运用甚至是不熟悉、不了解的情况并不少见，所以得分普遍偏低，除了认知因素，基本战术的运用需要一定的身体能力和技术能力为基础，才能在场上执行与灵活运用，这也是造成基本战术得分偏低的因素。从而证明了不论是对照组还是实验组，其基本战术的能力还有较大的提升空间，在实验前测试成绩无显著差异和相同的教学时间的前提下，哪一组组内提升更为显著，说明其组内所采用的教学方法对于基本战术的提升更有效率，更适合学生学习，更能提升学生的能力。

表 6-7　对照组和实验组各项基本战术前测的差异性检验

项目	组别	个案数	平均值	标准差	T	P
拉吊突击	对照组	20	55.50	6.863	-0.719	0.481
	实验组	20	57.00	6.569		
压反手	对照组	20	60.50	6.048	-0.271	0.789
	实验组	20	61.00	5.525		

项目	组别	个案数	平均值	标准差	T	P
守中反攻	对照组	20	55.50	6.048	-0.847	0.408
	实验组	20	57.50	7.164		
控制底线	对照组	20	60.00	6.489	-0.252	0.804
	实验组	20	60.50	6.048		

注：P<0.05 具有显著性差异，P<0.01 具有非常显著性差异，P>0.05 不具有显著性差异。

第三节 基本技术对比分析

一、正手发高远球技术对比分析

1. 对照组实验前后正手发高远球技术对比分析

表 6-8 为对照组实验前后正手发高球技术差异性检验的得分结果，由数据可知，在正手发高远球技术上，对照组实验前的平均得分为 70.90，对照组实验后的平均得分为 71.20，实验后测得分比实验前测得分提高了 0.30，显著性 P 值为 0.798（P>0.05），说明了在正手发高远球技术上学生的实验后测得分与实验前测成绩不存在显著性差异，学生在此技术上得分提升不大。说明运用传统教学方法的对照组学生取得的成效有限，虽整体有部分提升但并不明显，只有少部分学生提升较大，大部分学生停滞不前。提升较大的学生上课听讲较认真，对知识有着较强的求知欲，善于主动学习、主动思考、主动提问。而对于其他学生来说，以往的学习模式固化，对传统教学法失去了新鲜感，导致学生敏感度不高，注意力不够集中，上课的时候容易被其他的事物吸引，在

老师讲解技术动作的时候常与周围的同学聊天或态度不端正，影响教学效果，而在训练阶段，不能很好地发挥主观能动性，消极怠练，对技术动作没有形成较好的动作表象，导致技术提升缓慢，在正手发高远球技术上存在诸多问题。比如，在学习正手发高远球技术时，左手持球姿势不对，对于放球挥拍击球的时机把握不好，导致经常性的挥空拍或击到球杆，不习惯引拍动作导致动作协调性不好，不使用手臂手腕手指联合发力，击球动作僵硬，出球既没有高度也没有远度，达不到击球的效果。

表6-8　对照组实验前后正手发高远球技术差异性检验

项目	测试时间	个案数	平均值	标准差	T	P
正手发高远	前测	20	70.9	3.726	-0.26	0.798
	后测	20	71.2	3.942		

注：P<0.05 具有显著性差异，P<0.01 具有非常显著性差异，P>0.05 不具有显著性差异。

2. 实验组实验前后正手发高远球技术对比分析

表6-9 为实验组实验前后正手发高球技术差异性检验的得分结果，由数据可知，在正手发高远球技术上，实验组实验前的平均得分为70.80，实验组实验后的平均得分为75.35，实验后测得分比实验前测得分提高了4.55分，显著性 P 值为0.000（P<0.01），说明了在正手发高远球技术上学生的实验后测得分与实验前测成绩存在非常显著性差异，学生在此技术上得分提升极大，也证明了混合式教学法的教学模式是有正向积极作用的。通过分析数据可知，实验组在正手发高远球技术上有了一个相对稳定的提升，成绩提升很大，说明学生的此项技术具有整体性。他们能够认识到发好正手高远球的要点在于动作的整体协调性，架拍—引拍—挥拍—击球—回收动作缺一不可，特别是能注意到回

收动作，保证了击球动作的协调性和完整性，以及击球效果，这是因为通过线上教学反复观看正手发高远球技术完整动作和分解动作，反复加深印象，再加上线下的教学和训练，不断地对自己所掌握的技术进行熟练、运用与精进。同时了解了自身动作中存在的缺陷，通过一定的训练不断地纠正，达到较好的训练效果，在此过程中学生因获得较大的进步会有很大的成就感，从而促使自己更努力地训练，以此形成良性循环，成绩提高非常明显。

表 6-9 实验组实验前后正手发高远球技术差异性检验

项目	测试时间	个案数	平均值	标准差	T	P
正手发高远球	前测	20	70.80	4.873	-7.872	0.000
	后测	20	75.35	3.660		

注：P<0.05 具有显著性差异，P<0.01 具有非常显著性差异，P>0.05 不具有显著性差异。

3. 对照组与实验组实验后正手发高远球技术对比分析

表 6-10 为对照组与实验组前测、后测正手发高远球的差异性检验的实验结果，通过分析可以看出，在正手发高远球技术上，对照组实验后的平均得分为 71.20，实验组实验后的平均得分为 75.35，实验后测得分实验组比对照组高出了 4.15，显著性 P 值为 0.003（P<0.01），说明了在正手发高远球技术上学生的实验后测得分实验组与对照组存在非常显著性差异，相对于传统教学法来说，混合式教学法能够显著提高学生的正手发高远球技术，也说明了混合式教学法在正手发高远球技术上比传统教学法是更适合、更优秀的选择。从课堂表现上看，对照组的学生时常处于一种游离状态，在没有老师教学、辅导、讲解的情况下容易陷入一种学习意愿不强、学习动机不佳的情况，听课专注度不够，训练的努力程度不够，而采用混合式教学法的实验组的学生在从线上教学开

始就表现出了较强的学习兴致，学习专注度相对较高，能跟着老师的思路进行并加以思考，同时能主动提出一些问题，学习时的状态明显更好，训练也更努力。从教学效果上来看，采用传统教学法的对照组学生，对正手发高远球的理解与执行都存在着一定的问题，对于此项技术动作稳定性不佳，发球动作整体性看上去还是不太协调、动作分节，所以常出现发球出界、发球下网、发球不到位以及发球错区等情况，落点控制不稳定不能很好地达到预想的位置，导致对下一拍的衔接产生不利影响；反观采用混合式教学法的实验组的学生，总体表现技术动作更加规范、流畅与协调，失误率以及落点控制都更好。最突出的表现在于击球的飞行轨迹又高又远，能够给予自身很充分的准备与调整时间，同时限制对手的出球，有着更好的落点以及实战效果。

表 6-10　对照组与实验组前测、后测正手发高远球的差异性检验

测试时间	组别	个案数	平均值	标准差	T	P
前测	对照组	20	70.90	3.726	-0.080	0.937
	实验组	20	70.80	4.873		
后测	对照组	20	71.20	3.942	3.381	0.003
	实验组	20	75.35	3.660		

注：$P<0.05$ 具有显著性差异，$P<0.01$ 具有非常显著性差异，$P>0.05$ 不具有显著性差异。

二、前场正手挑球技术对比分析

1. 对照组实验前后前场正手挑球技术对比分析

表 6-11 为对照组实验前后前场正手挑球技术差异性检验的得分结果，通过分析可以看出，在前场正手挑球技术上，对照组实验前的平均得分为 71.60，对照组实验后的平均得分为 72.65，实验后测得分比实验前测得分提高了 1.05，显著性 P 值为 0.245（$P>0.05$），说明了在前

场正手挑球技术上学生的实验后测得分与实验前测成绩不存在显著性差异，学生在此技术上得分提升不大。说明运用传统教学方法的对照组学生取得的成效有限，虽然从整体上看有部分提升但并不明显，只有少数理解能力较强的学生能够跟上教学进度，其余大部分学生还是进步较慢。学生在理解前场正手挑球时不能很好地将此项技术与技术细节相近的正手发高远球技术有效结合起来，动作的割裂性较为严重。前场正手挑球技术，需要前场跨步上步的步法动作同步挑球动作完成，于是难度相对于正手发后场高远球技术有所增大，容易出现手上的动作与脚下的步法不相适应的情况，甚至出现击球动作表现下降，这与采用传统教学法的学生动作表象建立不牢固有一定的关系。同时，在移动动作中，左手作为辅助协调手有调整动作协调性保持身体稳定的重要作用，理应配合整体运动姿态而行动，然而学生经常出现左手僵硬或者始终下垂，不但动作不规范，也对击球造成一定程度的影响。

表 6-11 对照组实验前后正手挑球技术差异性检验

项目	测试时间	个案数	平均值	标准差	T	P
正手挑球	前测	20	71.60	3.733	-1.200	0.245
	后测	20	72.65	2.621		

注：P<0.05 具有显著性差异，P<0.01 具有非常显著性差异，P>0.05 不具有显著性差异。

2. 实验组实验前后前场正手挑球技术对比分析

表 6-12 为实验组实验前后前场正手挑球技术差异性检验的得分结果，通过分析可以看出，前场正手挑球技术上，对照组实验前的平均得分为 70.30，对照组实验后的平均得分为 75.55，实验后测得分比实验前测得分提高了 5.25，显著性 P 值为 0.000（P<0.01），说明了在前场正手挑球技术上学生的实验后测得分与实验前测成绩存在非常显著性差

异，学生在此技术上得分提升较大。使用混合式教学法的学生在前场正手挑球技术上进步明显，主要表现在对此项技术的理解和运用，在理解上他们能够敏锐地意识到通过调整挑球的角度和力度可以达到不同的目的，在运用上主要表现在球的落点与路线，基本是能够将球挑到后场，比较到位，同时在实战中多次运用变线和平高球来限制压迫对手，能够将此项动作较好地运用在实战中。这也说明混合式教学法在前场正手挑球技术教学上是一个较好的方法。

表 6-12　实验组实验前后正手挑球技术差异性检验

项目	测试时间	个案数	平均值	标准差	T	P
正手挑球	前测	20	70.30	2.812	-8.477	0.000
	后测	20	75.55	2.819		

注：P<0.05 具有显著性差异，P<0.01 具有非常显著性差异，P>0.05 不具有显著性差异。

3. 对照组与实验组实验后前场正手挑球技术对比分析

表 6-13 为对照组与实验组前测、后测前场正手挑球技术的差异性检验的得分结果，由数据可知，在前场正手挑球技术上，对照组实验后的平均得分为 72.65，实验组实验后的平均得分为 75.55，实验后测得分实验组比对照组高出了 2.95，显著性 P 值为 0.001（P<0.01），说明了在前场正手挑球技术上学生的实验后测得分实验组与对照组存在非常显著性差异，相对于传统教学法来看，混合式教学法对学生前场正手挑球技术的提升显著得多，也说明了混合式教学法在前场正手挑球技术上比传统教学法是更适合、更优秀的选择。通过对采用混合式教学法的实验组学生和采用传统式教学法的对照组学生的课堂表现进行观察以及综合分析可知，由于前场正手挑球技术是一个移动的动作，手上的动作和脚步的结合就显得差距较大，在击球时，持拍手和跨步脚应该同步向前

伸出，完成击球动作，实验组的学生在此过程中明显要更加协调，同时在球的落点控制上实验组比对照组也更加精准，在反复观看录像视频的过程中不断巩固自己的运动表象，特别是移动动作的连续性能更直观的展示，从而达到更好的教学效果。由此可见，在前场正手挑球技术上，混合式教学法是比传统教学法更适合、更具效果的教学方法。

表6-13 对照组与实验组前测、后测正手挑球技术的差异性检验

测试时间	组别	个案数	平均值	标准差	T	P
前测	对照组	20	71.60	3.733	1.290	0.213
	实验组	20	70.30	2.812		
后测	对照组	20	72.65	2.621	-4.020	0.001
	实验组	20	75.55	2.819		

注：P<0.05 具有显著性差异，P<0.01 具有非常显著性差异，P>0.05 不具有显著性差异。

三、前场正手搓球技术对比分析

1. 对照组实验前后前场正手搓球技术对比分析

表6-14 为对照组实验前后正手搓球技术差异性检验的得分结果，由数据可知，在前场正手搓球技术上，对照组实验前的平均得分为71.40，对照组实验后的平均得分为71.50，实验后测得分比实验前测得分提高了0.10，显著性P值为0.911（P>0.05），说明了在前场正手搓球技术上学生的实验后测得分与实验前测成绩不存在显著性差异，学生在此技术上得分提升不大。搓球技术是网前小技术，对于手指手腕发力、蹬跨伸手同步以及技术概念的理解都有较高的要求，要有相对柔和的球感，在传统教学模式一对多的教学情境下，教师很难同时兼顾所有学生，有很多学生会出现会偷懒现象以及理解不到位、动作不准确等问题，如在击球时，会容易出现正拍面向上击球力度控制不佳的现象，引

拍击球时手脚动作不同步，这些问题在一开始的学习中其实就已经存在了，因为在学习初期对技术动作的理解不到位，特别是网前小技术，在学习过程中会出现无法正确发力击球的问题，导致"越打越别扭"，在这样的情况下，训练反而是南辕北辙，所以应在初期学习中，强调感受切击球拖的感觉与扣技术动作的细节，不应刻意追求贴网与滚动。

表 6-14　对照组实验前后正手搓球技术差异性检验

项目	测试时间	个案数	平均值	标准差	T	P
正手搓球	前测	20	71.40	3.817	-0.113	0.911
	后测	20	71.50	3.204		

注：P<0.05 具有显著性差异，P<0.01 具有非常显著性差异，P>0.05 不具有显著性差异。

2. 实验组实验前后前场正手搓球技术对比分析

表 6-15 为实验组实验前后前场正手搓球技术差异性检验的得分结果，由数据可知，前场正手搓球技术上，在对照组实验前的平均得分为70.65，对照组实验后的平均得分为 74.65，实验后测得分比实验前测得分提高了 4.00，显著性 P 值为 0.000（P<0.01），说明了在前场正手搓球技术上学生的实验后测得分与实验前测成绩存在非常显著性差异，学生的前场正手搓球技术提升很大。实验组学生无论是在技术动作的标准程度、流畅程度以及球的旋转与落点方面比对照组学生都有明显的提升，学生在线上教学中能够随时暂停课程的播放，对于重难点部分反复观看，加深印象和理解，并能随拍随动在潜移默化中达到产生动作技术表象的效果，再辅以教师的讲解分析巩固认知，对自己的错误理解纠偏，纠正错误动作，更好地掌握动作，从而提升前场正手搓球技术水平。同时，学生在课堂练习中有了参照，如有遇到瓶颈可询问教师或者再次观看线上视频，一方面缓解了教师难以兼顾的难题，又提升了自己

的学习效率与效果，可谓一举两得，分组练习中学生可以相互交流，形成良好的学习氛围、课堂氛围，学生的成绩便能稳固提升。同样也验证了混合式教学法对于前场正手搓球技术的提升有正向促进作用。

表 6-15　实验组实验前后正手搓球技术差异性检验

项目	测试时间	个案数	平均值	标准差	T	P
正手搓球	前测	20	70.65	4.332	-10.420	0.000
	后测	20	74.65	3.602		

注：P<0.05 具有显著性差异，P<0.01 具有非常显著性差异，P>0.05 不具有显著性差异。

3. 对照组与实验组实验后前场正手搓球技术对比分析

表 6-16 为对照组与实验组前测、后测前场正手搓球技术差异性检验的得分结果，由数据可知，在前场正手搓球技术上，对照组实验后的平均得分为 71.50，实验组实验后的平均得分为 74.65，实验后测得分实验组比对照组高出了 3.15，显著性 P 值为 0.027（P<0.05），说明了在前场正手搓球球技术上学生的实验后测得分实验组与对照组存在显著性差异，也说明了混合式教学法在前场正手搓球技术上比传统教学法是更适合、更优秀的选择。实验组后测成绩明显优于对照组后测成绩，通过对两组的课堂教学方法进行对比分析可以发现，实验组在课堂上首先是通过视频播放器、大屏显示或者电子设备观看相关教学素材，教学器具的运用能够更好、更快地将学生带入学习的氛围，在线上教学之后无缝衔接线下教学，既承接了刚刚线上教学建立动作表象的红利，使学生便于理解与联系，又在一定程度上通过线下教学巩固技术动作，二者相辅相成。而反观对照组传统的教学方法，讲解形式较为单一，全程都是教师在讲解，而且大多数情况下由于学生站位固定，只能从一个方向看到老师的技术动作展示，这就很容易造成观看感受不强、看不全、看不

清的情况产生,特别是对往前搓球这一精细的网前小动作的影响更大,学生在初期就没有建立好的技术动作表现,对于之后的动作学习和练习是相当不利的。

表6-16 对照组与实验组前测、后测前场正手搓球技术的差异性检验

测试时间	组别	个案数	平均值	标准差	T	P
前测	对照组	20	71.40	3.817	−0.505	0.620
	实验组	20	70.65	4.332		
后测	对照组	20	71.50	3.204	2.396	0.027
	实验组	20	74.65	3.602		

注:$P<0.05$ 具有显著性差异,$P<0.01$ 具有非常显著性差异,$P>0.05$ 不具有显著性差异。

四、后场正手击高远球技术对比分析

1. 对照组实验前后后场正手击高远球技术对比分析

表6-17 为对照组实验前后正手击高远球技术差异性检验的得分结果,通过分析数据可以看出,正手击高远球技术方面,对照组实验前的平均得分为70.05,对照组实验后的平均得分为71.60,实验后测得分比实验前测得分提高了1.55,显著性 P 值为0.158($P>0.05$),说明了在正手击高远球技术上学生的实验后测得分与实验前测成绩不存在显著性差异,学生在此技术上得分提升不大。分析技术得分情况也可以看出,对照组所采用的传统教学方法虽然对于后场正手击高远球技术有一定的提升作用,但仅针对个别少数学生,后场正手击高远球作为羽毛球基本技术中较难掌握的一项技术,学生除了在课堂上加以练习之外,还要在课余时间从挥拍、多球进行训练,正手击高远球技术是运用最多的一个技术之一,但是对照组的学生不能很好地执行训练计划,所以对正手击高远球技术动作掌握不是很好,学习效果一般。在一开始学习的时

候由于不能很好地建立运动表象，学生对挥拍击球这个难点掌握不佳，首先是击球点问题，正手击高远球技术应该抢高点击球，但是学生经常出现侧面抢大臂击球的情况，同时引拍击球在后面"画圆"的过程动作分节、不连贯的情况经常出现，加以纠正通常需要较长时间。

表6-17 对照组实验前后正手击高远球技术差异性检验

项目	测试时间	个案数	平均值	标准差	T	P
正手击高远球	前测	20	70.05	3.605	-1.469	0.158
	后测	20	71.60	3.102		

注：P<0.05具有显著性差异，P<0.01具有非常显著性差异，P>0.05不具有显著性差异。

2. 实验组实验前后后场正手击高远球技术对比分析

表6-18为实验组实验前后正手击高远球技术差异性检验的得分结果，通过分析可以看出，在正手击高远球技术方面，对照组实验前的平均得分为70.80，对照组实验后的平均得分为74.60，实验后测得分比实验前测得分提高了3.80，显著性P值为0.000（P<0.01），说明了在正手击高远球技术上学生的实验后测得分与实验前测成绩存在非常显著性差异，学生在此技术上得分提升巨大。在课堂上学生能够认识到高远球的发力是由腿——腰——腹背——大臂——小臂——手腕——手指传导的，通过线上学习，学生对于动作技术的了解更加深刻，同时形成较为完善的动作技术记忆，从而使学生在练习过程中避免出现错误动作，集中注意力投入到练习中，对于击球点位置的把握也会更加精准，使球的飞行弧度更高，使球落至距网更远的位置，相比实验前击球出界、下网或是击不到球的概率明显降低。这说明了实验组所采用的混合式教学法能够提高学生在后场正击高远球上的掌握程度。

表 6-18　实验组实验前后正手击高远球技术差异性检验

项目	测试时间	个案数	平均值	标准差	T	P
正手击高远球	前测	20	70.80	2.668	-8.542	0.000
	后测	20	74.60	2.798		

注：P<0.05 具有显著性差异，P<0.01 具有非常显著性差异，P>0.05 不具有显著性差异。

3. 对照组与实验组实验后后场正手击高远球技术对比分析

表 6-19 为对照组与实验组前测、后测后场正手击高远球技术差异性检验的得分结果，分析数据可以看出，在后场正手击高远球技术上，对照组实验后的平均得分为 71.60，实验组实验后的平均得分为 74.60，实验后测得分实验组比对照组高出了 3.00，显著性 P 值为 0.003（P<0.01），说明了在后场正手击高远球技术上学生的实验后测得分实验组与对照组存在非常显著性差异，也说明了混合式教学法在后场击高远球技术上比传统教学法是更适合、更优秀的选择。实验组后测成绩明显优于对照组后测成绩，分析实验组采用的混合式教学法和对照组采用的传统教学法的课堂对比，实验组在课堂上首先是线上教学，此举能够更好地帮助后场击高远球技术动作中引拍"画圈"这一较难理解且抽象的动作学习，对此在课堂表现出来的在引拍击球动作上无论是击球的流程度还是落点的精准度都要显著高于对照组学生。而反观对照组传统的教学方法，讲解形式较为单一，全程都是教师在讲解，而且常常会出现教师资源不够用的情况，20 个学生没有很好地兼顾，所以在教学和训练的效果上便会大打折扣。

表 6-19 对照组与实验组前测、后测后场击高远球技术的差异性检验

测试时间	组别	个案数	平均值	标准差	T	P
前测	对照组	20	70.05	3.605	0.911	0.374
	实验组	20	70.80	2.668		
后测	对照组	20	71.60	3.102	3.446	0.003
	实验组	20	74.60	2.798		

注：P<0.05 具有显著性差异，P<0.01 具有非常显著性差异，P>0.05 不具有显著性差异。

五、后场正手吊球技术对比分析

1. 对照组实验前后后场正手吊球技术对比分析

表 6-20 为对照组实验前后后场正手吊球技术差异性检验的得分结果，由数据可知，在后场正手吊球技术上实验后测得分与实验前测成绩不存在显著性差异，学生在此技术上得分提升不大。该实验数据也说明了对照组所采用的传统教学方法对于后场正手吊球技术的提升效果有限，后场正手吊球技术在大体上的技术动作与后场正手击高远球大抵相同，蹬地、转体、引拍、挥拍动作基本相同，重点在击球部分，后场正手吊球技术在击球时主要注意击球力度和拍面角度。击球力度通常直观的表现为吊球的球速，也就是通俗所说的"快不快"，拍面角度通常直观的表现为吊球的角度，也就是通俗所说的"贴不贴""刁不刁"，通常是评判吊球质量好坏的直观依据。对照组学生在观看教师讲解示范时，由于击球动作是一个瞬时点，很难有效全面地将技术要点展示好，导致学生理解片面，难以形成有效的动作技术表象，在后续练习中经常出现压不住球、离网过远、发力不好控制的情况，同时最易出现击球点把握不准的问题，动作僵硬，导致后场正手吊球技术成效不佳。根据对照组的前后测成绩对比检验以及课堂的实际情况的观察、学生存在的问

题，可以总结出学生在传统教学方式下对后场吊球技术掌握程度低。

表6-20 对照组实验前后正手吊球技术的差异性检验

项目	测试时间	个案数	平均值	标准差	T	P
正手吊球	前测	20	71.35	3.924	-0.265	0.794
	后测	20	71.60	2.873		

注：P<0.05 具有显著性差异，P<0.01 具有非常显著性差异，P>0.05 不具有显著性差异。

2. 实验组实验前后后场正手吊球技术对比分析

表6-21为实验组实验前后后场正手吊球技术差异性检验的得分结果，由数据可知，在后场正手吊球技术上，实验组实验前的平均得分为71.65，实验组实验后的平均得分为74.95，实验后测得分比实验前测得分提高了3.30，显著性 P 值为 0.000（P<0.01），说明在后场正手吊球技术上学生的实验后测得分与实验前测成绩存在非常显著性差异，学生在此技术上得分提升显著。结合实验组学生的考核成绩以及课堂实际分析，在混合式教学的课堂上，学生能够清楚地认识到吊球的击球点、击球的力度和拍面角度是能否打好吊球的关键因素。学生通过线上的学习提升了对动作技术的理解并形成动作记忆，在练习过程中的主动有意识地去避免错误动作的出现，在练习时能够更加投入，学生对于击球点的位置把握也更加精准，球的飞行弧度符合吊球的下坠曲线，落点上也距离网更近，击球出界、下网或是击不到球的概率相比实验前大大降低。这也说明了混合式教学法能够提高学生对后场正手吊球技术的认识理解和正确运用能力。

表 6-21　实验组实验前后正手吊球技术的差异性检验

项目	测试时间	个案数	平均值	标准差	T	P
正手吊球	前测	20	71.65	3.407	-9.266	0.000
	后测	20	74.95	3.103		

注：P<0.05 具有显著性差异，P<0.01 具有非常显著性差异，P>0.05 不具有显著性差异。

3. 实验后对照组与实验组后场正手吊球技术对比分析

表 6-22 为对照组与实验组前测、后测后场正手吊球技术差异性检验的得分结果，由数据可知，在后场正手吊球技术上，对照组实验后的平均得分为 71.60，实验组实验后的平均得分为 74.95，实验后测得分实验组比对照组高出了 3.35，显著性 P 值为 0.002（P<0.01），说明了在后场正手吊球技术上学生的实验后测得分实验组与对照组存在非常显著性差异，也说明了混合式教学法在后场正手吊球技术上比传统教学法是更适合、更优秀的选择。通过实验期间对实验组和对照组的观察与分析可知，实验组在后场正手吊球技术上对于击球点和切击拍面这两个最重要的要点掌握要显著好于对照组。后场正手吊球技术也属于羽毛球基本技术中较难的一项技术，虽然与正手击高远球有相似之处，但是在发力的瞬间却是差距巨大，细致、反复观察发力击球的瞬时动作是关键，线上教学就能较好地解决这一难题，建立正确且牢固的动作表象是学好正手吊球的关键。

表 6-22　实验后对照组与实验组前测、后测正手吊球的差异性 T 检验

测试时间	组别	个案数	平均值	标准差	T	P
前测	对照组	20	71.35	3.924	0.438	0.666
	实验组	20	71.65	3.407		

测试时间	组别	个案数	平均值	标准差	T	P
后测	对照组	20	71.60	2.873	3.592	0.002
	实验组	20	74.95	3.103		

注：$P<0.05$ 具有显著性差异，$P<0.01$ 具有非常显著性差异，$P>0.05$ 不具有显著性差异。

六、全场步法技术对比分析

1. 对照组实验前后全场步法技术对比分析

表 6-23 为对照组实验前后全场步法差异性检验的得分结果，由数据可知，在全场步法上，对照组实验前的平均得分为 74.50，对照组实验后的平均得分为 75.00，实验后测得分比实验前测得分提高了 0.50，显著性 P 值为 0.716（$P>0.05$），说明在全场步法上学生的实验后测得分与实验前测成绩不存在显著性差异，学生在此技术上得分提升不大。在教学中虽有个别同学进步明显，但是大体表现出的还是步法较为凌乱，学生在接受教学时，对于跨步、垫步、撤步等步法技术有疑惑，但是很少会有同学提出。在训练中的前场步法，在上步的过程中最后一步脚尖的方向与膝盖方向并没有经常性的一致，这样不仅对下一步启动造成困难，同时也增加了受伤的风险，在回位的过程中步法显得很笨重，没有轻盈的感觉。在后场步法行进中，后撤步的把握很不好，甚至会出现"拌蒜"、摔倒的情况，后退时没有侧身，导致出现转体不及时、击球发不上力、后退慢的情况，影响整体步法连贯。老师由于年龄等因素不能完全展示全场步法的高连贯，对于学生建立运动表象也存在一定影响。

表6-23 对照组实验前后全场步法差异性检验

项目	测试时间	个案数	平均值	标准差	T	P
全场步法	前测	20	74.50	8.870	-0.370	0.716
	后测	20	75.00	5.130		

注：P<0.05 具有显著性差异，P<0.01 具有非常显著性差异，P>0.05 不具有显著性差异。

2. 实验组实验前后全场步法技术对比分析

表6-24为实验组实验前后全场步法差异性检验的得分结果，由数据可知，在全场步法上，对照组实验前的平均得分为73.50，对照组实验后的平均得分为79.00，实验后测得分比实验前测得分提高了5.50，显著性P值为0.000（P<0.01），说明在全场步法上学生的实验后测得分与实验前测成绩存在非常显著性差异，学生在此技术上得分提升巨大。在全场步法中，采用混合式教学法的实验组学生相对于采用传统教学法的对照组学生优势明显，尤其是折返、转体的时候有用更好的技术，不会出现很沉重的感觉，衔接更为顺畅，在实战中明显能通过更快的移动，更早地到位击出质量更高的球，迫使对手需要更多的体力去弥补步法上的劣势。

表6-24 实验组实验前后全场步法差异性检验

项目	测试时间	个案数	平均值	标准差	T	P
全场步法	前测	20	73.50	8.127	-5.339	0.000
	后测	20	79.00	6.048		

注：P<0.05 具有显著性差异，P<0.01 具有非常显著性差异，P>0.05 不具有显著性差异。

3. 实验后对照组与实验组全场步法技术对比分析

表6-25为对照组与实验组前测、后测全场步法差异性检验的得分结果，由数据可知，在全场步法上，对照组实验后的平均得分为75.00，实验组实验后的平均得分为79.00，实验后测得分实验组比对照组高出了4.00，显著性P值为0.025（P<0.05），说明在全场步法技术上学生的实验后测得分实验组与对照组存在显著性差异，也说明混合式教学法在全场步法上比传统教学法是更适合、更优秀的选择。全场步法是一项极其重要的技术，任何一项技术都需要搭配相应的步法，然而全场步法的学习与训练是非常消耗体力、劳累且枯燥乏味的，初始难度就较高。而传统教学法教学形式单一、乏味，可能会激发学生的厌学情绪，我们只能加以引导，并引入一些趣味性环节或游戏来提高积极性，但这就耗费了大量的课堂时间。而线上教学有多种教学器具的辅助，展示给学生的是多元化的技术呈现，有一定的趣味性，使学生更直观、更全面地学习全场步法技术，从而激发学生训练。

表6-25 对照组与实验组前测、后测全场步法的差异性检验

测试时间	组别	个案数	平均值	标准差	T	P
前测	对照组	20	74.50	8.870	-0.438	0.666
	实验组	20	73.50	8.127		
后测	对照组	20	75.00	5.130	2.438	0.025
	实验组	20	79.00	6.048		

注：P<0.05具有显著性差异，P<0.01具有非常显著性差异，P>0.05不具有显著性差异。

七、整体基本技术对比分析

1. 对照组实验前后整体基本技术对比分析

表6-26为对照组实验前后整体基本技术差异性检验的得分结果，

由数据可知，在整体基本技术上，对照组实验前的平均得分为 71.63，对照组实验后的平均得分为 72.26，实验后测得分比实验前测得分提高了 0.63，显著性 P 值为 0.221（P>0.05），说明在整体基本技术上学生的实验后测得分与实验前测成绩不存在显著性差异，学生在整体基本技术上得分提升不大。整体基本技术是羽毛球运动的基础，单个技术动作也许并不算太难，但是要想整体基本技术达到较好的高度需要系统的学习与训练。而对照组的学生在平时的课堂教学上，由于课堂形式单一、训练乏味等因素，对于羽毛球运动的学习热情不高，主观能动性较低，大多时间是被动的学习，最终导致整体基本技术学习效果欠佳。

表 6-26　对照组实验前后整体基本技术的差异性检验

项目	测试时间	个案数	平均值	标准差	T	P
整体基本技术	前测	20	71.63	2.121	−1.226	0.221
	后测	20	72.26	1.196		

注：P<0.05 具有显著性差异，P<0.01 具有非常显著性差异，P>0.05 不具有显著性差异。

2. 实验前后实验组整体基本技术对比分析

表 6-27 为实验组实验前后整体基本技术差异性检验的得分结果，由数据可知，在整体基本技术上，实验组实验前的平均得分为 71.28，实验组实验后的平均得分为 75.77，实验后测得分比实验前测得分提高了 4.49，显著性 P 值为 0.000（P<0.01），说明在整体基本技术上学生的实验后测得分与实验前成绩存在非常显著性差异，学生在整体基本技术上得分提升巨大。学生在课堂开始初期的投入程度以及精神饱满程度较高，能够快速地融入课堂氛围，在线上教学环节中，通过对动作的反复观看，独立与学生、老师交流，培养了其自主思考、主动学习的能

力，而不是全然的被动接受。同时，在随后的线下讲解以及练习中反复巩固，带着问题去学习，在每一次的细微差别中，日积月累的进步就显而易见了。在学习状态、学习态度、训练成果、考试测评中都能产生更好的效果，各项基本技术也有了长足的进步。

表 6-27 实验组实验前后整体基本技术配对样本 T 检验

项目	测试时间	个案数	平均值	标准差	T	P
整体基本技术	前测	20	71.28	2.326	-13.513	0.000
	后测	20	75.77	1.848		

注：P<0.05 具有显著性差异，P<0.01 具有非常显著性差异，P>0.05 不具有显著性差异。

3. 实验后对照组与实验组整体基本技术对比分析

表 6-28 为对照组与实验组前测、后测整体基本技术差异性检验的得分结果，通过数据分析可以得出，在整体基本技术方面，对照组实验后的平均得分为 72.26，实验组实验后的平均得分为 75.77，实验后测得分实验组比对照组高出了 3.51，显著性 P 值为 0.000（P<0.01），说明在整体基本技术上学生的实验后测得分实验组与对照组存在非常显著性差异，也说明混合式教学法在整体基本技术上比传统教学法是更适合、更优秀的选择。通过对混合式教学法中的实验组学生和传统教学法中对照组学生的各项基本技术的得分与总得分对比以及课堂观察情况可知，实验组无论是在对技术动作的理解、运用还是执行上都显著高强于对照组，在落点控制、球路控制、动作的协调性来看同样也是实验组优于对照组，尤其表现在稳定性与技术动作掌握的熟练程度，由此我们可以得出在整体基本技术上混合式教学法效果更好。

表 6-28 对照组与实验组前测、后测整体基本技术的独立样本 T 检验

测试时间	组别	个案数	平均值	标准差	T	P
前测	对照组	20	71.63	2.121	−0.541	0.595
	实验组	20	71.28	2.326		
后测	对照组	20	72.26	1.196	6.489	0.000
	实验组	20	75.77	1.848		

注：P<0.05 具有显著性差异，P<0.01 具有非常显著性差异，P>0.05 不具有显著性差异。

第四节　技术组合对比分析

一、前场技术组合

1. 对照组实验前后前场技术组合对比分析

表 6-29 为对照组实验前后前场技术组合的差异性检验的得分结果，由数据可知，在前场技术组合上，对照组实验前的平均得分为 69.10，对照组实验后的平均得分为 69.40，实验后测得分比实验前测得分提高了 0.30，显著性 P 值为 0.055（P>0.05），说明在前场技术组合上学生的实验后测得分与实验前测成绩不存在显著性差异，学生在整体基本技术上得分提升不大。虽然成绩整体提升不大，但是显著性却接近 0.05，由此可以说明对照组的学生在学习过程中很不稳定，个体差异较大，说明传统教学法只适合少数认真且思维能力较强的学生。在前场技术的训练中要经过上步—回位—再上步—再回位的移动并进行循环，这不仅对于技术的衔接提出了要求，对于体能也有较高的要求，同时前场技术测试由正手挑球和正手搓球组合，正手挑球技术相对动作幅

度较大，需要更大的发力来保障球的高度和远度，而正手搓球属于较为精细的技术动作，要求手指手腕协调发力，切击球拖保障球的旋转与近网，所以两者在组合中存在一定的技术难度，这也是前场技术的得分要低于单项正手挑球技术和正手搓球技术的原因之一。由于存在一定的难度壁垒，对照组学生除了在课堂上进行练习，在业余时间几乎不会进行专门的练习，因此对这一技术的掌握程度不高。根据对照组的前后测成绩的对比检验以及课堂的实际情况、学生的存在问题来看，可以总结出学生在传统教学方法中对于前场技术的掌握程度低。

表6-29 对照组实验前后前场技术组合的差异性检验

项目	测试时间	个案数	平均值	标准差	T	P
前场技术组合	前测	20	69.10	2.573	-2.042	0.055
	后测	20	69.40	2.604		

注：P<0.05 具有显著性差异，P<0.01 具有非常显著性差异，P>0.05 不具有显著性差异。

2. 实验组实验前后前场技术组合对比分析

表6-30为实验组实验前后前场技术组合的差异性检验的得分结果，由数据可知，在前场技术组合上，实验组实验前的平均得分为69.40，实验组实验后的平均得分为72.70，实验后测得分比实验前测得分提高了3.30，显著性P值为0.000（p<0.01），说明在前场技术组合上学生的实验后测得分与实验前测成绩存在非常显著性差异，学生在整体基本技术上得分提升巨大。由于前场技术是一个行进间的组合动作，动作的连贯必然是关键，在前期的学习中，动作不协调是通病，很大的原因就是没有建立有效的技术动作表象和行动轨迹，导致自己在完成动作时没有参照，而混合式教学法中的线上部分很好地解决了这一难题，可以随时反复观看视频，所以相较于对照组，实验组的学生移动更

顺畅，动作更协调。这也说明了实验组所采用的混合式教学法能够提高学生在前场技术组合上的掌握程度。

表 6-30　对照组实验前后前场技术组合的差异性检验

项目	测试时间	个案数	平均值	标准差	T	P
前场技术组合	前测	20	69.40	1.875	-4.335	0.000
	后测	20	72.70	3.358		

注：P<0.05 具有显著性差异，P<0.01 具有非常显著性差异，P>0.05 不具有显著性差异。

3. 实验后对照组与实验组前场技术组合对比分析

表 6-31 为对照组与实验组前测、后测前场技术组合差异性检验的得分结果，通过分析数据可以看出，在前场技术组合上，对照组实验后的平均得分为 69.40，实验组实验后的平均得分为 72.70，实验后测得分实验组比对照组高出了 3.30，显著性 P 值为 0.000（P<0.01），说明在前场技术组合上学生的实验后测得分实验组与对照组存在非常显著性差异，也说明混合式教学法在前场技术组合上比传统教学法是更适合、更优秀的选择。在前场技术组合上，由于大量的前后移动比较难，必然需要更牢固的运动表象，这就需要观察大量的高质量的动作以及相当训练量的练习。混合式教学法在建立运动表象上有着一定的优势，所以在前场技术组合中有着更好的效果。

表 6-31　对照组与实验组前测、后测前场技术组合的差异性检验

测试时间	组别	个案数	平均值	标准差	T	P
前测	对照组	20	69.10	2.573	-0.363	0.721
	实验组	20	69.40	1.875		

测试时间	组别	个案数	平均值	标准差	T	P
后测	对照组	20	69.40	2.604	2.911	0.000
	实验组	20	72.70	3.358		

注：P<0.05 具有显著性差异，P<0.01 具有非常显著性差异，P>0.05 不具有显著性差异。

二、后场技术组合

1. 对照组实验前后后场技术组合对比分析

表 6-32 为对照组实验前后后场技术组合的差异性检验的得分结果，由数据可知，在后场技术组合上，对照组实验前的平均得分为 69.45，对照组实验后的平均得分为 69.75，实验后测得分比实验前测得分提高了 0.30，显著性 P 值为 0.186（P>0.05），说明在后场技术组合上学生的实验后测得分与实验前测成绩不存在显著性差异，学生在整体基本技术上得分提升不大。由此可以说明对照组的学生在学习过程中很不稳定，个体差异较大，只有少部分学生运用传统教学法获得了提升。在后场技术的训练中要经过撤步—回位—再上撤步—再回位的移动并进行循环，这不仅对于技术的衔接提出了要求，对于体能也有很高的要求，同时前场技术测试由后场正手高远球和后场正手吊球组合，正手高远球技术相对需要使用较大的力量，需要更大的发力来保障球的高度和远度，而正手吊球属于较为柔和的技术动作，要求拍面切击球拖，保障球的近网与角度，所以两者在组合中存在一定的技术难度，这也是后场技术组合的得分要低于单项正手高远球技术和正手吊球技术的原因之一。同时后场技术组合相对于前场技术组合会更加消耗体力，所以学生在业余时间几乎不会进行专门练习，因此，学生对这个技术的掌握程度不高。根据对照组的前后测成绩的对比检验以及课堂中的实际情况、学

生出现的问题，我们总结出传统教学方法课堂下学生对于后场技术的掌握程度低。

表 6-32 对照组实验前后后场技术组合的差异性检验

项目	测试时间	个案数	平均值	标准差	T	P
后场技术组合	前测	20	69.45	2.417	-1.371	0.186
	后测	20	69.75	2.881		

注：$P < 0.05$ 具有显著性差异，$P < 0.01$ 具有非常显著性差异，$P > 0.05$ 不具有显著性差异。

2. 实验组实验前后后场技术组合对比分析

表 6-33 为实验组实验前后后场技术组合的差异性检验的得分结果，由数据可知，在后场技术组合上，实验组实验前的平均得分为 69.20，实验组实验后的平均得分为 72.60，实验后测得分比实验前测得分提高了 3.40，显著性 P 值为 0.002（$P < 0.01$），说明在后场技术组合上学生的实验后测得分与实验前测成绩存在非常显著性差异，学生在整体基本技术上得分提升巨大。由于后场技术是一个行进间的组合动作，同时击球过程有向后撤步的动作，身体重心的起伏很关键，观看专业运动员比赛可以发现在进行后场击球移动过程中，重心都是保持在水平线上的，起伏不大。混合式教学法中的线上部分可以反复、大量、随时观看学习视频，所以相较于对照组，实验组的学生移动更顺畅，动作更协调，球也更到位。这也表明了混合式教学法能够大大提高学生对后场技术组合的掌握程度。

表 6-33　对照组实验前后后场技术组合的差异性检验

项目	测试时间	个案数	平均值	标准差	T	P
后场技术组合	前测	20	69.20	2.608	-3.689	0.002
	后测	20	72.60	4.616		

注：P<0.05 具有显著性差异，P<0.01 具有非常显著性差异，P>0.05 不具有显著性差异。

3. 实验后对照组与实验组后场技术组合对比分析

表 6-34 为对照组与实验组前测、后测后场技术组合差异性检验的得分结果，通过分析可以看出，在后场技术组合方面，对照组实验后的平均得分为 69.75，实验组实验后的平均得分为 72.60，实验后测得分实验组比对照组高出了 2.85，显著性 P 值为 0.010（P<0.01），说明在后场技术组合上学生的实验后测得分实验组与对照组存在非常显著性差异，也说明混合式教学法在后场技术组合上比传统教学法是更适合、更优秀的选择。通过总分成绩的对比分析看出，混合式教学法课堂中的实验组学生后场技术组合有着显著的提升，而采用传统教学法的对照组学生的技术水平虽然有一定的提升，但是并不明显。从总分成绩来看，实验组成绩的提升远远超出对照组，这表明在整个的教学过程中，实验组后场技术组合的掌握在稳定性上要高于对照组，实验组学生对于后场技术组合理解层次以及对前场技术组合的动作衔接要比对照组更加熟练，实验组后场技术组合的运用更加灵活自如。

表 6-34　对照组与实验组前测、后测后场技术组合的差异性检验

测试时间	组别	个案数	平均值	标准差	T	P
前测	对照组	20	69.45	2.573	0.503	0.621
	实验组	20	69.20	1.875		

续表

测试时间	组别	个案数	平均值	标准差	T	P
后测	对照组	20	69.75	2.604	-2.863	0.010
	实验组	20	72.60	3.358		

注：$P<0.05$ 具有显著性差异，$P<0.01$ 具有非常显著性差异，$P>0.05$ 不具有显著性差异。

三、全场技术组合

1. 对照组实验前后全场技术组合对比分析

表6-35 为对照组实验前后全场技术组合的差异性检验的得分结果，通过数据分析可以看出，在全场技术组合方面，对照组实验前的平均得分为 68.98，对照组实验后的平均得分为 69.25，实验后测得分比实验前测得分提高了 0.27，显著性 P 值为 0.126（$P>0.05$），说明了在全场技术组合上学生的实验后测得分与实验前测成绩不存在显著性差异，学生在整体基本技术上得分提升不大。全场技术组合在技术组合中是最难的，球路复杂多变、跑动多、距离长都是其特点，这就注定了它对技能水平、体能有着一定的要求，同时对球路的理解要求较高，需要大量的直观示范和实战，而由于动作复杂，教师线下示范可能不如专业运动员规范，从而使效果打折扣。从得分情况来看，传统教学方法虽然对于对照组学生的整体基本技术有一定的提升效果，但是极其有限，学生在传统教学方法下对于全场技术组合的掌握程度低。

表 6-35　对照组实验前后全场技术组合的差异性检验

项目	测试时间	个案数	平均值	标准差	T	P
技术组合	前测	20	68.98	2.081	-1.599	0.126
	后测	20	69.25	1.796		

注：P<0.05 具有显著性差异，P<0.01 具有非常显著性差异，P>0.05 不具有显著性差异。

2. 实验组实验前后全场技术组合对比分析

表 6-36 为实验组实验前后全场技术组合的差异性检验的得分结果，由数据可知，在全场技术组合上，实验组实验前的平均得分为69.13，实验组实验后的平均得分为 72.50，实验后测得分比实验前测得分提高了 3.37，显著性 P 值为 0.000（P<0.01），说明在全场技术组合上学生的实验后测得分与实验前测成绩存在非常显著性差异，学生在整体基本技术上得分提升巨大。在实验组的课堂上，学生能够认识到全场技术组合要结合吊球、挑球、搓球、高远球等多项基本技术，同时还要控制球路和落点，通过线上的学习加深了对球路的了解和对于动作技术本身的记忆，在练习过程中能够主动有意识地避免错误动作，学生在练习时的投入度更高，对于击球路线的选择也更从容，全场技术组合的运用也更加娴熟。这也说明了实验组所采用的混合式教学法能够提高学生对全场技术组合的掌握程度。

表 6-36　实验组实验前后全场技术组合的差异性检验

项目	测试时间	个案数	平均值	标准差	T	P
技术组合	前测	20	69.13	2.089	-7.575	0.000
	后测	20	72.50	1.548		

注：P<0.05 具有显著性差异，P<0.01 具有非常显著性差异，P>0.05 不具有显著性差异。

3. 实验后对照组与实验组技术组合对比分析

表 6-37 为对照组与实验组前测、后测全场技术组合差异性检验的得分结果，通过数据分析可以看出，全场技术组合方面，对照组实验后的平均得分为 69.25，实验组实验后的平均得分为 72.50，实验后测得分实验组比对照组高出了 3.25，显著性 P 值为 0.000（P<0.01），说明在全场技术组合上学生的实验后测得分实验组与对照组存在非常显著性差异，也说明混合式教学法在全场技术组合上比传统教学法是更适合、更优秀的选择。在实际教学中，全场技术组合上实验组要比对照组的学生使用更加灵活，反应更加敏捷，明显感到思路更清晰，球路更多变，由此可见混合式教学法是更适合全场技术组合学习的方法。

表 6-37　对照组与实验组前测、后测全场技术组合的差异性检验

测试时间	组别	个案数	平均值	标准差	T	P
前测	对照组	20	68.98	2.081	0.411	0.685
	实验组	20	69.13	2.089		
后测	对照组	20	69.25	1.796	7.843	0.000
	实验组	20	72.50	1.548		

注：P<0.05 具有显著性差异，P<0.01 具有非常显著性差异，P>0.05 不具有显著性差异。

第五节　基本战术对比分析

一、拉吊突击战术对比分析

1. 对照组实验前后拉吊突击战术对比分析

表 6-38 为对照组实验前后拉吊突击战术差异性检验的得分结果，由数据可知，拉吊突击战术上，在对照组实验前的平均得分为 55.50，

对照组实验后的平均得分为 58.00，实验后测得分比实验前测得分提高了 2.50，显著性 P 值为 0.021（P<0.05），说明在拉吊突击战术上学生的实验后测得分与实验前测成绩存在显著性差异，学生在此技术上得分提升较大，说明对照组在拉吊突击战术上有一定的提升。从技术成绩来看，对照组所采用的传统教学方法对于拉吊突击战术有一定的提升作用，究其原因可能是拉吊突击战术在一开始学生的掌握情况很不好，有极大的进步空间。虽然存在显著性差异，得分也确实提高了，但是提升的数值并不大，提升较为有限。

表 6-38　对照组实验前后拉吊突击战术的差异性检验

项目	测试时间	个案数	平均值	标准差	T	P
拉吊突击	前测	20	55.50	6.863	-2.517	0.021
	后测	20	58.00	6.156		

注：P<0.05 具有显著性差异，P<0.01 具有非常显著性差异，P>0.05 不具有显著性差异。

2. 实验组实验前后拉吊突击战术对比分析

表 6-39 为实验组实验前后拉吊突击战术差异性检验的得分结果，由数据可知，在拉吊突击战术上，对照组实验前的平均得分为 57.00，对照组实验后的平均得分为 63.50，实验后测得分比实验前测得分提高了 6.50，显著性 P 值为 0.000（P<0.01），说明在拉吊突击战术上学生的实验后测得分与实验前成绩存在非常显著性差异，学生在此技术上得分提升巨大。由于战术是由基本技术构成，技术组合不断使用较为复杂的且有目的性的复杂球路，这不仅要求对技术有相当的熟练程度，对于体能同样有很高的要求，最关键是对战术的理解与运用，教师对战术的示范不是很标准，无法建立复杂动作的动作表象，而在线上教学中，能直观地看到更高水平的高标准的完整战术展示，这无疑是学习战术理解

和运用的好方法，能够提高学生学习热情，在不断训练中巩固，随时对复杂球路进行解析。由此可见实验组所采用的混合式教学法能够提高学生对拉吊突击战术的掌握程度。

表6-39 实验组实验前后拉吊突击战术的差异性检验

项目	测试时间	个案数	平均值	标准差	T	P
拉吊突击	前测	20	57	6.569	-3.24	0.000
	后测	20	63.5	8.751		

注：P<0.05 具有显著性差异，P<0.01 具有非常显著性差异，P>0.05 不具有显著性差异。

3. 实验后对照组与实验组拉吊突击战术对比分析

表6-40为对照组和实验组前测、后测拉吊突击战术差异性检验的结果，从数据可知，在拉吊突击战术项目上，对照组实验后的成绩平均值为58.00，实验组实验后的成绩平均值为63.50，实验组平均值比对照组平均值成绩高出5.50，对应的检验显著性 P 为 0.030（P<0.05），说明在拉吊突击战术上学生的实验后测得分实验组与对照组存在显著性差异。通过分析两组的考核成绩以及两组的课堂表现发现，虽然对照组在拉吊突击战术前后测存在显著性差异，取得了一定的教学效果，但是实验组的后测成绩远高于对照组的后测成绩，并存在显著性差异，说明两种教学方法都能对学生产生正向教学效果，显然混合式教学法是拉吊突击战术项目更有优势、效果更好、更应使用的教学方法。

表6-40 对照组与实验组前测、后测拉吊突击战术的差异性检验

测试时间	组别	个案数	平均值	标准差	T	P
前测	对照组	20	55.50	6.863	-0.719	0.481
	实验组	20	57.00	6.569		

测试时间	组别	个案数	平均值	标准差	T	P
后测	对照组	20	58.00	6.156	-2.342	0.030
	实验组	20	63.50	8.751		

注：P<0.05 具有显著性差异，P<0.01 具有非常显著性差异，P>0.05 不具有显著性差异。

二、压反手战术对比分析

1. 对照组实验前后压反手战术对比分析

表6-41 为对照组实验前后压反手战术差异性检验的得分结果，由数据可知，在压反手战术上，对照组实验前的平均得分为 60.50，对照组实验后的平均得分为 62.50，实验后测得分比实验前测得分提高了 2.00，显著性 P 值为 0.072（P>0.05），说明在压反手战术上学生的实验后测得分与实验前测成绩不存在显著性差异，学生在此技术上得分提升不大，说明对照组在压反手战术上虽有一定的提升，但是不是整体性的，而是对于个别反手区球路控制较好的学生。压反手战术的目的是多推挑对方的反手区域，限制其发力进攻，或是迫使其回球不到位，我方等待进攻机会给上致胜一球。因为对于大部分人来讲反手是弱点，所以压反手战术使用较多。在对照组学生课堂表现中时常出现为了压反手而压反手的情况，导致自己错失机会，又容易被对手摸清球路，导致被对方预判，结合测评分数可知，传统教学法并不适合压反手战术的教学应用。

表 6-41　对照组实验前后压反手战术的差异性检验

项目	测试时间	个案数	平均值	标准差	T	P
压反手	前测	20	60.50	6.048	-2.179	0.072
	后测	20	62.50	5.501		

注：P<0.05 具有显著性差异，P<0.01 具有非常显著性差异，P>0.05 不具有显著性差异。

2. 实验组实验前后压反手战术对比分析

表 6-42 为实验组实验前后压反手战术差异性检验的得分结果，由数据可知，在压反手战术上，实验组实验前的平均得分为 61.00，实验组实验后的平均得分为 66.00，实验后测得分比实验前测得分提高了 5.00，显著性 P 值为 0.002（P<0.01），说明在压反手战术上学生的实验后测得分与实验前测成绩存在非常显著性差异，学生在此技术上得分提升巨大。压反手战术在基本战术中相对简单，球路相对单一，但是也存在其难点。因为压反手战术要把球打至对方的反手区，通常情况下会比较靠近边线，这样就增大了失误的可能性，同时由于球的落点选择相对单一，那么出球时机就很关键，通过线上教学反复观看更多的实战压反手运用，对出球时间以及对手的回球线路都能有更好的了解，能够帮助学生更具整体性地分析场上局势，达到更好的效果。由此可见，实验组所采用的混合式教学法能够提高学生对压反手战术的掌握程度。

表 6-42　实验组实验前后压反手战术的差异性检验

项目	测试时间	个案数	平均值	标准差	T	P
压反手	前测	20	61.00	5.525	-3.684	0.002
	后测	20	66.00	6.806		

注：P<0.05 具有显著性差异，P<0.01 具有非常显著性差异，P>0.05 不具有显著性差异。

3. 实验后对照组与实验组压反手战术对比分析

表 6-43 为对照组与实验组前测、后测压反手战术差异性检验的得分结果，由数据可知，在压反手战术上，对照组实验后的平均得分为 62.50，实验组实验后的平均得分为 67.50，实验后测得分实验组比对照组高出了 5.00，显著性 P 值为 0.029（P<0.05），说明在压反手战术上学生的实验后测得分实验组与对照组存在显著性差异，也说明混合式教学法在压反手战术上比传统教学法是更适合、更优秀的选择。实验组的学生更具有主动学习的特点，经常自己在课后利用网络平台搜索相关技战术视频并在课后勤加练习，混合式教学法的影响不仅仅局限于课堂教学中。由此可见，在两种教学方法中，显然混合式教学法在压反手战术项目上是更有优势、效果更好、更应使用的教学方法。

表 6-43　对照组与实验组前测、后测压反手战术的差异性检验

测试时间	组别	个案数	平均值	标准差	T	P
前测	对照组	20	60.50	6.048	−0.271	0.789
	实验组	20	61.00	5.525		
后测	对照组	20	62.50	5.501	−2.364	0.029
	实验组	20	67.50	6.387		

注：P<0.05 具有显著性差异，P<0.01 具有非常显著性差异，P>0.05 不具有显著性差异。

三、守中反攻战术对比分析

1. 对照组实验前后守中反攻战术对比分析

表 6-44 为对照组实验前后守中反攻战术差异性检验的得分结果，由数据可知，在守中反攻战术上，对照组实验前的平均得分为 55.50，对照组实验后的平均得分为 57.50，实验后测得分比实验前测得分提高了 2.00，显著性 P 值为 0.230（P>0.05），说明在守中反攻战术上学生

的实验后测得分与实验前测成绩不存在显著性差异，学生在此技术上得分提升不大。说明对照组在守中反攻战术上虽有一定的提升，但是仅限于个别步法移动较快、防守较好的学生。守中反攻战术，后发制人。通过向对方的后场反击各类来球，引诱对方展开攻击，当对方只注重攻而忽视守的时候，我方就可以进行突击反攻。也可采用直接反击，如挑打、拉吊、拖拉等；或者在对方疲惫攻击、体力消耗殆尽而速度变慢时，我方又开始攻击了；又或者使用推球及适当吊球、搓球、勾球和其他球路的变化，彼此进行长久的制衡，引诱对方急躁导致错误；或者在对手处于被动挨打的境地而进攻质量略差时，我方即可以抓住有利的机会展开反击。这与对手的心理素质和能力也有很大的关系，有一定的不确定性，同时对于进攻能力好的对手要谨慎使用。传统教学法缺乏整体、大局感受，只知道要将球起到后场，但是学生没有在脑海中形成运动轨迹，经常出现起球不到位，让对方杀球直接得分的情况。结合测评分数可知，传统教学法并不适合守中反攻战术的教学应用。

表 6-44　对照组实验前后守中反攻战术的差异性检验

项目	测试时间	个案数	平均值	标准差	T	P
守中反攻	前测	20	55.50	6.048	-1.239	0.230
	后测	20	57.50	6.902		

注：P<0.05 具有显著性差异，P<0.01 具有非常显著性差异，P>0.05 不具有显著性差异。

2. 实验组实验前后守中反攻战术对比分析

表 6-45 为实验组实验前后守中反攻战术差异性检验的得分结果，由数据可知，在守中反攻战术上，实验组实验前的平均得分为 57.50，实验组实验后的平均得分为 62.00，实验后测得分比实验前测得分提高了 4.50，显著性 P 值为 0.004（P<0.01），说明在守中反攻战术上学生

的实验后测得分与实验前测成绩存在非常显著性差异，学生在此技术上得分提升巨大。守中反攻战术并不是一味地起高球给对方杀，而是通过起高球给对方提供看似机会却并不是好机会的球，让对手杀出质量较低的球进行防守反击，或者是给球位置限制对方球路达到预判杀球落点形成截击掌握场上主动权，抑或是骗对手强行杀球失去重心，使下一拍球的连贯难以跟上。守中反攻最重要的是理解和运用，如果一味地起高球只会盲目丢分，这就需要通过观看大量正确示范和高水平实例来增强对该战术的理解，以及相当程度的训练量来跟上对方的快节奏，混合式教学法的线上线下结合刚好符合这些特点。由此可见，实验组所采用的混合式教学法能够提高学生对守中反攻战术的掌握程度。

表 6-45 实验组实验前后守中反攻战术的差异性检验

项目	测试时间	个案数	平均值	标准差	T	P
守中反攻	前测	20	57.50	7.164	-3.327	0.004
	后测	20	62.00	8.944		

注：P<0.05 具有显著性差异，P<0.01 具有非常显著性差异，P>0.05 不具有显著性差异。

3. 实验后对照组与实验组守中反攻战术对比分析

表 6-46 为对照组与实验组前测、后测守中反攻战术差异性检验的得分结果，由数据可知，在守中反攻战术上，对照组实验后的平均得分为 57.50，实验组实验后的平均得分为 62.00，实验后测得分实验组比对照组高出了 4.50，显著性 P 值为 0.044（P<0.05），说明在守中反攻战术上学生的实验后测得分实验组与对照组存在显著性差异，也说明混合式教学法在守中反攻战术上比传统教学法是更适合、更优秀的选择。实验组的学生在守中反攻战术上的掌握程度要好于对照组的学生，主要表现在防守的取位、起高球的时机以及防守与反攻的衔接，实验组的同

学在出现防守反击的机会时，得分情况要远高于对照组学生，而且在接对方杀球的时候表现得更加从容。由此可见在两种教学方法中，混合式教学法在守中反攻战术项目上是更有优势、效果更好、更应使用的教学方法。

表 6-46 对照组与实验组前测、后测守中反攻战术的差异性检验

测试时间	组别	个案数	平均值	标准差	T	P
前测	对照组	20	55.50	6.048	-0.847	0.408
	实验组	20	57.50	7.164		
后测	对照组	20	57.50	6.902	-2.163	0.044
	实验组	20	62.00	8.944		

注：P<0.05 具有显著性差异，P<0.01 具有非常显著性差异，P>0.05 不具有显著性差异。

四、控制底线整体对比分析

1. 对照组实验前后控制底线战术对比分析

表 6-47 为对照组实验前后控制底线战术差异性检验的得分结果，由数据可知，在控制底线战术上，对照组实验前的平均得分为 60.00，对照组实验后的平均得分为 62.00，实验后测得分比实验前测得分提高了 2.00，显著性 P 值为 0.104（P>0.05），说明在控制底线战术上学生的实验后测得分与实验前成绩不存在显著性差异，学生在此技术上得分提升不大。控制底线战术是通过控制对方底线的左右两点，拉开对方，让其在底线位置回球，无法及时回中，制造前中场的空档趁对手回球不到位时进行突击进攻。该战术因为简单、效果好，在单打中使用的频率特别高，而且如果在后场能力有优势，只需控制住对方的后场就会掌握很大的主动权，自己的体能消耗较少，又极大地消耗了对方的体力。传统教学法缺乏变化，在左右两点调动还是重复落点、击出高远球还是平

高球上把握不够好，容易使对手摆脱。结合测评分数可知，传统教学法并不适合控制底线战术的教学。

表6-47　对照组实验前后控制底线战术的差异性检验

项目	测试时间	个案数	平均值	标准差	T	P
控制底线	前测	20	60	6.489	-1.71	0.104
	后测	20	62	6.156		

注：P<0.05 具有显著性差异，P<0.01 具有非常显著性差异，P>0.05 不具有显著性差异。

2. 实验组实验前后控制底线战术对比分析

表6-47 为实验组实验前后控制底线战术差异性检验的得分结果，由数据可知，在控制底线战术上，实验组实验前的平均得分为 60.50，实验组实验后的平均得分为 67.50，实验后测得分比实验前测得分提高了 7.00，显著性 P 值为 0.000 （P<0.01），说明在控制底线战术上学生的实验后测得分与实验前测成绩存在非常显著性差异，学生在此技术上得分提升巨大。控制底线战术是偏向于打优势的战术，在后场的博弈中后场能力至关重要，如果你的后场能力弱于对方较多，那么即使你用控制底线战术也控制不住，对方在球速、落点上均能摆脱，从而使自己陷入被动。同时，在左右两点调动还是重复落点、击出高远球还是平高球只能通过大量观看来适应球路轨迹和提高战术理解。由此可见，实验组所采用的混合式教学法能够提高学对在守中反攻战术的掌握程度。

表 6-48　实验组实验前后控制底线战术的差异性检验

项目	测试时间	个案数	平均值	标准差	T	P
控制底线	前测	20	60.50	6.048	-4.273	0.000
	后测	20	67.50	9.105		

注：P<0.05 具有显著性差异，P<0.01 具有非常显著性差异，P>0.05 不具有显著性差异。

3. 实验后对照组与实验组控制底线战术对比分析

表 6-49 为对照组与实验组前测、后测控制底线战术差异性检验的得分结果，由数据可知，在控制底线战术上，对照组实验后的平均得分为 62.00，实验组实验后的平均得分为 67.50，实验后测得分实验组比对照组高出了 5.50，显著性 P 值为 0.030 （P<0.05），说明在控制底线战术上学生的实验后测得分实验组与对照组存在显著性差异，也说明混合式教学法在控制底线战术上比传统教学法是更适合、更优秀的选择。实验组的学生在控制底线战术上的掌握程度要好于对照组的学生，主要表现在后场左右两角的调动、重复落点的选取、高远球和平高球的选择上要更加合理，从而达到更好的效果。由此可见在两种教学方法中，混合式教学法在控制底线战术项目上是更有优势、效果更好、更应使用的教学方法。

表 6-49　对照组与实验组前测、后测控制底线战术的差异性检验

测试时间	组别	个案数	平均值	标准差	T	P
前测	对照组	20	60.00	6.489	-0.252	0.804
	实验组	20	60.50	6.048		
后测	对照组	20	62.00	6.156	-2.342	0.030
	实验组	20	67.50	9.105		

注：P<0.05 具有显著性差异，P<0.01 具有非常显著性差异，P>0.05 不具有显著性差异。

五、整体基本战术对比分析

1. 对照组实验前后整体基本战术对比分析

表6-50为对照组实验前后整体基本战术差异性检验的得分结果，由数据可知，在整体基本战术上，对照组实验前的平均得分为 57.88，对照组实验后的平均得分为 60.00，实验后测得分比实验前测得分提高了 2.12，显著性 P 值为 0.001 （<0.01），说明在整体基本战术上学生的实验后测得分与实验前成绩存在非常显著性差异，学生在此技术上得分提升较大。采用传统教学法的对照组的学生在前测阶段整体基本战术掌握情况差，提升的空间极大，传统教学法虽有局限，但是也取得了一些效果，对照组实验前后也产生了显著性差异。整体基本战术是在基本掌握基本技术、基本组合后，为更好地占据场上主动权而有目的、有性针对性的球路组织，构成较为复杂且非常灵活多变，在课堂线下的讲解中难以全面系统地阐述。长此以往，虽有学习与训练，但是更多还是原地踏步或者进步有限。

表 6-50　对照组实验前后整体基本战术的差异性检验

项目	测试时间	个案数	平均值	标准差	T	P
整体基本战术	前测	20	57.88	2.8418	-3.719	0.001
	后测	20	60.00	3.0186		

注：P<0.05 具有显著性差异，P<0.01 具有非常显著性差异，P>0.05 不具有显著性差异。

2. 实验组实验前后整体基本战术对比分析

表6-51为实验组实验前后整体基本战术差异性检验的得分结果，由数据可知，在整体基本战术上，实验组实验前的平均得分为 59.00，

实验组实验后的平均得分为 64.50, 实验后测得分比实验前测得分提高了 5.50, 显著性 P 值为 0.000 (P<0.01), 说明在整体基本战术上学生的实验后测得分与实验前测成绩存在非常显著性差异, 学生在此技术上得分提升巨大。在实验组的课堂上, 在学习每一项基本战术时会先加入线上学习, 首先观看视频在脑海中留下初步的印象, 随后在课堂训练中加深印象, 通过不断学习巩固和实战运用, 最后达到更好的一个整体基本战术教学效果。

表 6-51　实验组实验前后整体基本战术的差异性检验

项目	测试时间	个案数	平均值	标准差	T	P
整体基本战术	前测	20	59.0	2.8562	-7.031	0.000
	后测	20	64.5	3.6814		

注: P<0.05 具有显著性差异, P<0.01 具有非常显著性差异, P>0.05 不具有显著性差异。

3. 实验后对照组与实验组整体基本战术对比分析

表 6-52 为对照组与实验组前测、后测整体基本战术差异性检验的得分结果, 由数据可知, 在整体基本战术上, 对照组实验后的平均得分为 60.00, 实验组实验后的平均得分为 64.50, 实验后测得分实验组比对照组高出了 4.50, 显著性 P 值为 0.000 (P<0.01), 说明在整体基本战术上学生的实验后测得分实验组与对照组存在非常显著性差异, 也说明混合式教学法在整体基本战术上比传统教学法是更适合、更优秀的选择。通过总分成绩的对比分析可以得知, 沿用传统教学法的对照组在整体战术水平的提升上虽然有一定的进步, 也呈现了显著性差异, 但是实验组的后测对对照组的后测同样存在显著性差异, 得分相差更大。由此可以说明, 两种教学方法对整体基本战术的提高都有一定的正向影响, 但是在整个的教学过程中, 实验组对整体基本战术的理解、运用与执行

上均要好于对照组，因此，混合式教学法在整体基本战术的教学上是更有优势、效果更好、更应使用的教学方法。

表6-52 对照组与实验组前测、后测整体基本战术的差异性检验

测试时间	组别	个案数	平均值	标准差	T	P
前测	对照组	20	57.875	2.8418	-1.406	0.176
	实验组	20	59.00	2.8562		
后测	对照组	20	60.00	3.0186	-4.947	0.000
	实验组	20	64.50	3.6814		

注：P<0.05具有显著性差异，P<0.01具有非常显著性差异，P>0.05不具有显著性差异。

第七章　对照组与实验组实验后学生效果 （满意度）分析

第一节　实验后对照组与实验组学习兴趣对比分析

　　表 7-1 为实验后对照组和实验组学习兴趣差异性检验的得分结果，由数据可知，在学习兴趣上，对照组实验后的平均得分为 3.27，实验组实验后的平均得分为 3.82，实验后测得分实验组比对照组高出了 0.55，显著性 P 值为 0.000 （P<0.01），存在非常显著性差异，说明混合式教学法比传统教学法对学生的学习兴趣的提升显著得多，也说明混合式教学法比传统教学法更容易激发学生的学习兴趣。通过对问卷进行数据比较分析可知，实验组学生学习兴趣比对照组学生高，是由于实验组学生学习过程中更多的是以自我为主，教师是辅助，学生主动学习的主动性与积极性都很高，学生能够通过自我努力，掌握技术动作重难点，从而获得相应的进步，提高学生的自我成就感，这样才能不断地学习掌握新技术，对学习和掌握新技术知识有浓厚兴趣。经过研究发现，实验组和对照组学生在学习兴趣和学习效果上均存在差异。对照组学生还是和以往教学法那样，被动地学习老师所授内容，自我意识不足，很少积极主动学习，对学习中出现的问题，不可能自己解决，只有向老师

求助，因而在反复练习中丧失了学习兴趣。

表 7-1 对照组和实验组学习兴趣的差异性检验

级别	个案数	平均值	标准差	T	P
对照组	20	3.27	0.308	-7.571	0.000
实验组	20	3.82	0.286		

注：P<0.05 具有显著性差异，P<0.01 具有非常显著性差异，P>0.05 不具有显著性差异。

第二节 实验后对照组与实验组教学方式对比分析

表 7-2 为实验后对照组和实验组教学方式差异性检验的得分结果，由数据可知，在教学方式上，对照组实验后的平均得分为 3.24，实验组实验后的平均得分为 3.85，实验后测得分实验组比对照组高出了 0.61，显著性 P 值为 0.000（P<0.01），存在非常显著性差异，说明混合式教学法比传统教学法对学生的教学方式的提升显著得多，也说明混合式教学法比传统教学法在学生中被认为是更先进的教学方式。通过分析统计问卷数据并结合问卷中存在的问题可以发现，实验组学生认为混合式教学方法对其羽毛球基本技术学习有较大帮助，能加深其对动作技术的理解和对技术细节的把握。而这一全新的教学理念，又能让学生成为教学过程中真正的主人，教师仅仅作为学生学习的指导者与帮助者，学生也可以自行安排训练。由于在线上教学过程中，学生已对新技术动作有所了解和领悟，因此，在实践中可以避免很多常见问题，并且在此种混合式教学法下，学生能够将自己的动作和线上标准动作进行对比，从而找出自己动作中存在的问题，还可以解决其本身技术缺陷及存留问题。同时也能对自身的错误进行纠正，避免再次出错。实验组多数同学

认为，这种教学方法有针对性。由于体育技术实质上是从分解、讲解、练习到纠错、讲解、练习不断重复的，混合式教学中学生能独立判断自己动作是否正确，因此可以减少这种枯燥乏味的学习过程，较快地掌握技术知识，从而更好地确保学生耐心学习，不丧失学习快乐。但就对照组中使用的传统教学方法来看，从问卷分析中，我们可以得知，多数学生认为这种传统教学法无法提高自身的技术动作，学生认为传统的练习枯燥乏味，技术动作很难掌握，即使通过苦练仍找不到诀窍，久而久之亦丧失学习的兴趣与动力。另外教师教育理念无法满足学生个性发展的需要，教师在安排学生进行实践练习的时候，由于这一年龄段的学生自主意识较强，学生或多或少地存在逆反心理，不愿接受命令行事。另外，通过问卷调查可知，实验组学生发现问题并解决问题能力优于对照组。从调查反馈情况来看，两组学生对于混合教学模式都表示非常欢迎，并且希望将此方法引入到课堂当中。对照组很多同学因技术动作认识不足，对自己技术动作中的失误觉察不清，学生们的水平差别不大亦不能互相学习，虽然能及时纠正老师指出的错误，但达不到理想境界。另外，在接受实验前两组学生都没有进行过系统的身体素质训练，因此他们很难形成正确的身体姿势，这使得他们对体育技能掌握不够牢固，难以保持持久的兴趣。对实验组和对照组教学效果进行比较分析不难看出，相对于对照组，实验组学生对教学方法和教学理念认同感更高，发现问题与提出问题的能力较对照组更全面，问题的解决较对照组完善。

表 7-2 对照组和实验组教学方式的差异性检验

组别	个案数	平均值	标准差	T	P
对照组	20	3.24	0.359	-7.377	0.000
实验组	20	3.85	0.170		

注：P<0.05 具有显著性差异，P<0.01 具有非常显著性差异，P>0.05 不具有显著性差异。

第三节 实验后对照组与实验组自主锻炼对比分析

表 7-3 为实验后对照组和实验组自主锻炼差异性检验的得分结果，通过数据分析可以看出，在自主锻炼上，对照组实验后的平均得分为 3.07，实验组实验后的平均得分为 3.52，实验后测得分实验组比对照组高出了 0.45，显著性 P 值为 0.001（P<0.01），存在非常显著性差异，说明混合式教学法比传统教学法对学生的自主锻炼的提升显著得多，也说明混合式教学法比传统教学法更容易促进学生自我锻炼。对差异性成因进行了剖析，实验组自主锻炼比对照组多的原因，在于实验组同学课程完成后，对羽毛球基本技术掌握熟练，对羽毛球的理解又上新台阶，能用所学基本技术在比赛中对抗，并在学习过程中产生了极大兴趣，这样就可以积极地参加课下羽毛球运动，但对照组学生由于羽毛球基本技术掌握较少，在对抗中容易出现很多失误，因此学生对羽毛球运动甚至体育锻炼兴趣就会降低，学生也无法体验竞争对抗所带来的喜悦，所以，对照组学生参加课后余毛球运动的次数更少。

表 7-3 对照组和实验组自主锻炼的差异性检验

组别	个案数	平均值	标准差	T	P
对照组	20	3.07	0.413	-3.943	0.001
实验组	20	3.52	0.315		

注：P<0.05 具有显著性差异，P<0.01 具有非常显著性差异，P>0.05 不具有显著性差异。

羽毛球教学中学生满意度调查问卷

亲爱的同学：

　　您好！为了解当前您学习羽毛球的相关情况以及混合式教学法对于教学效果的影响和混合式教学法对于羽毛球基本技术教学的影响，特设计此问卷。此问卷采取不公开不记名的形式，所得数据仅用于论文撰写，绝不泄露任何个人信息，此次问卷与您的课程成绩无关联，没有对错好坏之分，恳请您根据实际情况填写，感谢您在百忙之中给予的帮助与支持。祝您生活愉快，身体健康！

　　填写方式：请您在认为合适的选项小写字母上画"√"。除特殊注明外，所有选项皆为单选。

　　1. 基本情况

　　A1. 您的性别：

　　a. 男　b. 女

　　A2. 您对于本学期的羽毛球课程学习情况满意吗？

　　a. 非常满意　b. 满意　c. 一般　d. 不满意　e. 非常不满意

　　A3. 您对于当前这种新的教学形式感到满意吗？

　　a. 非常满意　b. 满意　c. 一般　d. 不满意　e. 非常不满意

A4. 您认为新的教学方式对您羽毛球技术的提升有帮助吗?

a. 完全有   b. 有   c. 一般   d. 没有   e. 完全没有

A5. 本学期在羽毛球方面您收获最大的是?

a. 技术方面   b. 战术方面   c. 体能方面   d. 理论方面

2. 学习兴趣

B1. 您喜欢当前这种上课方式吗?

a. 非常喜欢   b. 喜欢   c. 一般   d. 不喜欢   e. 非常不喜欢

B2. 您会主动去预习新的教学内容吗?

a. 完全会   b. 会   c. 一般   d. 不会   e. 完全不会

B3. 您会主动去练习所学的内容吗?

a. 完全会   b. 会   c. 一般   d. 不会   e. 完全不会

B4. 您会主动向老师或是同学询问疑难点吗?

a. 完全会   b. 会   c. 一般   d. 不会   e. 完全不会

B5. 经过一个学期的学习,您认为老师的教学方法对您的学习积极性提升有帮助吗?

a. 完全有   b. 有   c. 一般   d. 没有   e. 完全没有

B6. 您觉得您班上的学习氛围好吗?

a. 非常好   b. 好   c. 一般   d. 不好   e. 非常不好

3. 教学方式

C1. 您认为老师的教学方式对您的羽毛球学习有很大帮助吗?

a. 完全有   b. 有   c. 一般   d. 没有   e. 完全没有

C2. 您认为老师新的教学方式对您的学习有很大影响吗?

a. 完全有   b. 有   c. 一般   d. 没有   e. 完全没有

C3. 您认为老师当前采用的教学方式提高了你发现问题的能力吗?

a. 完全有   b. 有   c. 一般   d. 没有   e. 完全没有

C4. 您认为老师当前采用的教学方式提高了你解决问题的能力吗？

a. 完全有　b. 有　c. 一般　d. 没有　e. 完全没有

C5. 您认为老师当前采用的教学方式对于您的学习具有针对性吗？

a. 完全有　b. 有　c. 一般　d. 没有　e. 完全没有

4. 自主锻炼

D1. 在学校的羽毛球课程结束后，您还会自主参加羽毛球活动吗？

a. 肯定会　b. 会　c. 一般　d. 不会　e. 肯定不会

D2. 在学校的羽毛球课程结束后，您还会向老师请教有关于羽毛球的疑问吗？

a. 肯定会　b. 会　c. 一般　d. 不会　e. 肯定不会

D3. 您会将羽毛球运动作为自身终身锻炼的项目吗？

a. 肯定会　b. 会　c. 一般　d. 不会　e. 肯定不会

参考文献

一、外文文献

［1］Purning Valiathan. Blended Learning Modes［EB/OL］. Http：//www. learning Circuits. Org，2002.

［2］Driscoll M. Blended Learning：Let's get beyond the hype［EB/OL］. http：//www. e-learning mag. com（2002，March 1）.

［3］Bonk C J，Graham C R. The handbook of blended learning：Global perspectives，local designs［M］. San Francisco：Pfeiffer Publishing，2006.

［4］Nguyen N，Thai Giang V，Dang Lua V. B-learning issues：a suggestion for developing the framework［J］. Educational Sci，2016，61（11）：57—65.

［5］Picciano，A. G. Blending with purpose：The multimodal model［J］. Journal of asynchronous learning networks，2009，13（1）：7—18.

［6］Chou. S. W. & Liu，C. H. Learning effectiveness in a web-based virtual learning environment：A learner control perspective［J］. Journal of Computer Assisted Learning，2005，27（1）：65—76.

［7］Kim, Insook. Teaching Badminton through Play Practice in Physical Education ［J］. Journal of Physical Education, Recreation & Dance, 2017, 88 (8): 7—14.

［8］Chuning S. Influencing factors of students' learning motivation in college badminton teaching ［J］. Journal of Changchun University of Chinese Medicine, 2016.

［9］Nathan, Sanmuga. Badminton instructional in Malaysian schools: a comparative analysis of TGFU and SDT pedagogical models ［J］. Springer Plus, 2016, 5 (1): 1215.

［10］Wee E H, Low J Y, Chan K Q, et al. Effects of High Intensity Intermittent Badminton Multi – Shuttle Feeding Training on Aerobic and Anaerobic Capacity, Leg Strength Qualities and Agility ［C］//icSPORTS. 2017: 39-47.

［11］Blomqvist M, Luhtanen P, Laakso, L. Comparison of Two Types of Instruction in Badminton ［J］. Physical Education & Sport Pedagogy, 2001, 6 (2): 139—155.

［12］Pumima, Valiathan. Blended Learning Models ［DB/OL］. http//www. astd. org/LC/2002/0802 valiathan. htm. 2002 (8): 66—68.

［13］Yen J, Lee C Y. Exploring Problem Solving Patterns and Their Impact on Learning Achievement in A Blended Learning Environment ［J］. Computers & Education, 2011 (1): 138—145.

［14］Bashar M I, Khan H. E – Learning in Singapore: A brief assessment ［J］. U21Global Working Paper Series, 2007, 3: 2-21.

［15］Ige O A, Hlalele D J. Effects of Computer –aided and Blended Teaching Strategies on Students' Achievement in Civic Education Concepts in Mountain Learning Ecologies ［J］. Education & Information Technologies,

2017（33）：1—17.

[16] Harvey S. Building effective blended learning programs [J]. Educational Technology, 2003, 43（6）：51-54.

[17] Garrison D R, Kanuka H. Blended learning: Uncovering its transformative potential in higher education [J]. Internet and Higher Education, 2004（2）：95—105.

[18] Graham C R. Blended learning systems: Definition current trends and future directions [C] //In C. J. Bonk and C. R. Graham（Eds.）. Handbook of blended learning: Global perspectives, local designs. San Francisco, CA: Pfeiffer, 2006: 3—21.

[19] Thuy N. T. Thai, Bram De Wever, Martin Valcke. The impact of a flipped classroom design on learning performance in higher education: Looking for the best "blend" of lectures and guiding questions with feedback [J]. Computers & Education, 2017, 107: 113—126.

[20] JoshBersin. Blended Learning: what works? [EB/OL]. http: // www. bersin. com, 2003-5-16.

[21] Porter W W, Graham C R, Spring K A, et al. Blended Learning in Higher Education: Institutional Adoption and Implementation [J]. Computers & Education, 2014, 75（3）：185—195.

[22] Means B, Toyama Y, Murphy R, et al. The effectiveness of online and blended learning: A meta-analysis of the empirical literature [J]. Teachers college record, 2013, 115（3）：1-47.

[23] Ron Owston, Dennis York, Susan Murtha. Student perceptions and achievement in a university blended learning strategic initiative [J]. Internet and Higher Education, 2013,（18）：38—46.

[24] Jen-Her Wu. Robert D. Tennyson. Tzyh-Lih Hsia. A study of

student satisfaction in a blended e – learning system environment [J]. Computers& Education, 2010, (55): 155—164.

[25] Barbara Means, etal. Evaluation of Evidence–based Practices in One Learning: A Meta – analysis and Review of Online Learning Studies [M]. Washington, D. C. U. S. Department of Education, 2010.

[26] Shih R C. Blended Learning Using Video – BasedBlogs: Public Speaking for English as a Second Language Students [J]. Australasian Journal of Educational Technology, 2010, 26 (6): 883—897.

[27] López – Pérez M V, Pérez – López M C, Rodríguez – Ariza L. Blended Learning in Higher Education: Students' Perceptions and Their Relation to Outcomes [J]. Computers & Education, 2011 (3): 818—826.

[28] Bernard R M, Borokhovski E, Schmid R F, et al. A meta – analysis of blended learning and technology use in higher education: From the general to the applied [J] . Journal of Computing in Higher Education, 2014, 26: 87–122.

[29] Grgurovic M. Technology–enhanced blended language learning in an ESL class: A description of a model and an application of the Diffusion of Innovations theory [M] . Iowa State University, 2010.

[30] OmerDelialioglu, Zahide Yildirim. Design and development of a technology enhanced hybrid instruction based on MOLTA model: Its effectiveness in comparison to traditional instruction [J]. Computers& Education, 2008 (51): 474—483.

[31] Hinojo–Lucena F J, Trujillo–Torres J M, Marín–Marín J A, et al. B–learning in basic vocational training students for the development of the module of applied sciences I [J] . Mathematics, 2020, (7): 1102.

［32］Anh-Nguyet Diep, Chang Zhu, Katrien Struyven, et al. Who or what contributes to student satisfaction in different blended learning modalities ［J］. British Journal of Educational Technology, 2017, 48（2）：473—489.

［33］Robert M. Bernard, EugeneBorokhovski, Richard F. Schmid, et al. A meta－analysis of blended learning and technology use in higher education：from the general to the applied ［J］. Journal of Computing in Higher Education, 2014, 26：87—122.

［34］Sharlene Hesse-Biber. The problems and prospects in the teaching of mixed methods research ［J］. International Journal of Social Research Methodology, 2015, 5（18）：463—477.

［35］析渡辺恵子. 日米高等教育におけるeラーニング普及状況の差异の要因分析 ［DB/OL］. http：//www. nii. ac. jp/openhouse/h16/archive/PDF/707. pdf/2008.

二、著作类

［1］唐文中. 教学论 ［M］. 哈尔滨：黑龙江教育出版社, 1990.

［2］［苏］巴拉诺夫, 等. 教育学 ［M］. 北京：人民教育出版社, 1980.

［3］［苏］巴班斯基. 教学教育过程最优化——方法论原理 ［M］. 赵维贤, 译. 北京：人民教育出版社, 1985.

［4］［日］佐藤正夫. 教学原理 ［M］. 北京：教育科学出版社, 2006.

［5］彭永渭. 教学论新编 ［M］. 沈阳：辽宁教育出版社, 1986.

［6］关胜霞. 教学论教程 ［M］. 西安：陕西师范大学出版社,

1987.

[7] 顾明远. 教育大辞典 [M]. 上海：上海教育出版社，1998.

[8] 商继宗. 教学方法现代化的研究 [M]. 上海：华东师范大学出版社，2001.

[9] 王道俊，王汉澜. 教育学 [M]. 北京：人民教育出版社，2001.

[10] 李秉德. 教学论 [M]. 北京：人民教育出版社，2004.

[11] [美] 迈克尔·霍恩，[美] 希瑟·斯特克. 混合式学习 [M]. 北京：机械工业出版社，2015.

[12] 何克抗. 教育技术学 [M]. 北京：北京师范大学出版社，2002.

[13] 陈晓端. 有效教学：理念与实践 [M]. 西安：陕西师范大学出版社，2007.

[14] 崔允漷. 有效教学 [M]. 上海：华东师范大学出版社，2009.

[15] 黄荣怀，周跃良，王迎. 混合式学习理论与实践 [M]. 北京：高等教育出版社，2006.

[16] 汪琼. 网上教学成功四要素 [M]. 北京：北京大学出版社，2007.

三、期刊类

[1] 陈玉敏，梁亚强. "比赛教学法"与"传统教学法"的对比分析 [J]. 九江师专学报，2003 (6)：64—65.

[2] 白微. 普通高校篮球教学传统教学法与比赛教学法的实验研究 [J]. 沈阳体育学院学报，2007 (2)：103—104.

[3] 贾雪，曾雯，张琴，程春燕 . Seminar 教学法与传统讲授教学法对国内临床医学生教学效果的系统评价 [J]. 华西医学，2018，33 (3)：332—338.

[4] 石晓玲 . "网络教学平台+课堂"的整合型语教学模式研究 [J]. 疯狂英语（教师版）. 2012 (3)：12—13.

[5] 赵丽娟 . 从大学英语教学透视 Blending-Learning [J]. 电化教育研究，2004，25 (11)：47—54.

[6] 李克东，赵建华 . 混合式学习的原理与应用模式 [J]. 电化教育研究，2004 (7)：1—6.

[7] 张其亮，王爱春 . 基于"翻转课堂"的新型混合式教学模式研究 [J]. 现代教育技术，2014，24 (4)：27—32.

[8] 樊林华，李丹 . 近十年国内外羽毛球教学研究最新进展及启示——基于 2011—2021 年 29 篇文献的系统性文献综述法 [J]. 武汉体育学院学报，2022，56 (2)：85—92.

[9] 翁林 . 高校羽毛球运动发展现状与对策 [J]. 广西民族学院学报，2005，11 (3)：99—101.

[10] 吴宏江，王剑 . 羽毛球步法教学研究 [J]. 天中学刊，2003，18 (5)：118—118.

[11] 关祥伟 . 高校羽毛球教学现状及发展策略研究 [J]. 中国教育学刊，2015 (S2)：296—297.

[12] 赵志强 . 高校羽毛球教学现状及建议 [J]. 中国教育学刊，2015 (S1)：72—73.

[13] 马行风 . 普通高校羽毛球教学实效性探讨 [J]. 福建体育科技，2004 (6)：50—51.

[14] 谢耀良 . 普通高校羽毛球教学方法探讨 [J]. 上海理工大学学报（社会科学版），2005 (1)：38—40.

[15] 陈樨. 高校女生羽毛球选项课教学探讨 [J]. 南京体育学院学报（自然科学版). 2005, 4 (2): 77—79.

[16] 郭萍. 谈我校羽毛球步法教学训练中存在的问题及对策 [J]. 萍乡高等专科学校学报, 2008, 25 (1): 75—77.

[17] 张辉. 新形势下高校羽毛球教学的新思路 [J]. 湖北广播电视大学学报, 2014, 34 (6): 150—151.

[18] 李莉. 高校羽毛球教学创新策略研究 [J]. 兰州教育学院学报, 2015, 31 (5): 75—76.

[19] 王明波. 核心力量训练在高校羽毛球教学中的重要性 [J]. 赤峰学院学报（自然科学版), 2016, 32 (15): 198—199.

[20] 赵金华. 浅谈羽毛球教学中学生兴趣的培养 [J]. 青少年体育, 2017 (2): 72, 67.

[21] 王丰. 大学羽毛球教学的现状和发展策略研究 [J]. 当代体育科技, 2017, 7 (2): 59—59.

[22] 陈莉琳, 黄妍, 杨雪红, 等. 羽毛球课堂教学融合思政元素的研究——以集美大学体育学院羽毛球课程为例 [J]. 体育科学研究, 2020, 24 (5): 73—76, 81.

[23] 黄东亚. 浅析多媒体技术在羽毛球教学中的应用 [J]. 体育科技, 2021, 42 (6): 155—157.

[24] 罗育华. 羽毛球教学中竞赛法运用的研究与实践 [J]. 广州体育学院学报, 2002 (2): 79—81.

[25] 陈兰芳. 探究式教学法在羽毛球教学中的运用与实践 [J]. 杭州师范学院学报（自然科学版), 2006 (2): 157—160.

[26] 张玉华. 合作学习教学方法在体育教育专业羽毛球技术课教学中的实验分析 [J]. 体育科技文献通报, 2007 (8): 120——122.

[27] 丁庆龙. 阶梯式教学法在高校羽毛球教学中的应用研究 [J].

鞍山师范学院学报, 2013, 15 (6): 77—80.

[28] 陈传凤, 周威. 大学羽毛球 "慕课+翻转课堂" 教学模式的构建与应用 [J]. 体育学刊, 2017, 24 (5): 98—101.

[29] 范江波, 张学辉, 张建兵. 以混合式教学实现 "以学生为中心" 的探索 [J]. 教育教学论坛, 2017 (42): 166—167.

[30] 冯晓英, 王瑞雪, 吴怡君. 国内外混合式教学研究现状述评——基于混合式教学的分析框架 [J]. 远程教育杂志, 2018, 36 (3): 13—24.

[31] 何克抗. 从 Blending Learning 看教育技术理论的新发展 [J]. 国家教育行政学院学报, 2005, 9 (37): 8.

[32] 赵觅、姚海莹. 混合式学习环境下教师教学行为的建构 [J]. 内蒙古师范大学学报 (教育科学版), 2013, 26 (2): 64—66.

[33] 谭永平. 混合式教学模式的基本特征及实施策略 [J]. 中国职业技术教育, 2018 (32): 5—9.

[34] 黄映玲、苏仰娜. 三合一《现代教育技术》课程混合学习模式的研究与实践 [J]. 中国教育信息化, 2017 (14): 20—23.

[35] 罗映红. 高校混合式教学模式构建与实践探索 [J]. 高教探索, 2019 (12): 48—55.

[36] 解筱杉, 朱祖林. 高校混合式教学质量影响因素分析 [J]. 中国远程教育, 2012 (10): 9—14, 95.

[37] 唐文秀, 石晋阳, 陈刚. 混合式学习五维评价模型的构建与应用——以 "现代教育技术" 公共课程为例 [J]. 现代教育技术, 2016, (8): 89—95.

[38] 李晓丽, 李蕾, 徐连荣, 等. 虚拟学习环境支持的课程教学设计及应用成效研究 [J]. 中国电化教育: 2014 (2): 119—122.

[39] 王妍莉, 马明辉, 严瑾. 基于 Blackboard 平台的民族高校混

合式教学行动研究 [J]. 电化教育研究, 2015 (9): 77—82.

[40] 廖宏建, 刘外喜. 高校 SPOC 有效学习影响因素实证分析 [J]. 电化教育研究: 2017 (5): 64—70.

[41] 肖婉, 张舒予. 混合式学习研究领域的前沿、热点与趋势——基于 Citespace 知识图谱软件的量化研究 [J]. 电化教育研究, 2016 (7): 27—57.

[42] 伍丽媛. 基于同伴辅导的混合式教学模式研究 [J]. 教育评论, 2016 (2): 155—157.

[43] 郭丹. 混合式学习有效性研究 [J]. 中国成人教育, 2011 (7): 153—156.

[44] 赵国栋, 原帅. 混合式学习的学生满意度及影响因素研究——以北京大学教学网为例 [J]. 中国远程教育, 2010 (6): 32—38.

[45] 郑雅青, 胡微, 姜娟, 等. 基于 SPOC "线下、线上"混合式教学设计探究——以沈阳体育学院《健身气功》课程为例 [J]. 辽宁体育科技, 2020, 42 (4): 155—159.

[46] 刘黄玲子, 黄荣怀, 朱伶俐, 等. 一项混合式教学的行动研究 [J]. 学位与研究生教育, 2005 (11): 9—13.

[47] 吴南中. 混合式学习视域下的教学设计框架重构——兼论教育大数据对教学设计的支持作用 [J]. 中国电化教育, 2016 (5): 18—24.

[48] 胡立如. 张宝辉. 混合式学习: 走向技术强化的教学结构设计 [J]. 现代远程教育研究, 2016 (4): 21—33.

[49] 朱娉娉, 叶开艳, 宋庆福. 基于学习通的高职公共英语混合式教学模式探索 [J]. 职业技术, 2021, 20 (1): 86—90.

[50] 邢欣, 王彤. "混合式教学"模式下的体育课程设计与实践

[J]. 辽宁体育科技, 2020, 42 (2): 120—125.

[51] 林雪燕, 潘菊素. 基于翻转课堂的混合式教学模式设计与实现 [J]. 中国职业技术教育, 2016 (2): 15—20.

[52] 王鹃, 杨倬. 基于云课堂的混合式教学模式设计——以华师云课堂为例 [J]. 中国电化教育, 2017 (4): 85—89, 102.

[53] 汤勃, 孔建益, 曾良才, 蒋国璋, 侯宇. "互联网+"混合式教学研究 [J]. 高教发展与评估, 2018, 34 (3): 90—99, 117—118.

[54] 李克东, 赵建华. 混合学习的原理与应用模式 [J]. 电化教育研究, 2004 (7): 1—6.

[55] 白文倩, 李文昊, 陈蓓蕾. 基于资源的混合式学习的教学设计研究 [J]. 现代教育技术, 2011, 21 (4): 42—47.

[56] 赵维峰, 杨文秀, 王飞. SPOC混合式教学方法在应用型本科教学中的应用 [J]. 现代农业科技, 2018 (23): 276—277.

[57] 马懿, 吴铮铮, 谭天海, 等. CBL与PBL混合式教学背景下的诊断实验教学比较与分析 [J]. 中国继续医学教育, 2018, 10 (10): 23—25.

[58] 肖尔盾. "互联网+"背景下高校体育教学混合学习模式探索 [J]. 中国电化教育, 2017 (10): 123—129.

[59] 赵文杰, 冯侨华, 苑会娟. 基于"互联网+"混合式教学方法的研究与探讨 [J]. 黑龙江教育 (高教研究与评估), 2018 (10): 4—6.

[60] 冯瑞玲, 董俊, 张鸿儒, 杨娜, 沈宇鹏. 基于BOPPPS和"对分"的混合式课堂实践及成效 [J]. 教育教学论坛, 2020 (3): 3—6.

[61] 叶荣荣, 余胜泉, 陈琳. 活动导向的多种教学模式的混合式

教学研究 [J]. 电化教育研究, 2012, 33 (9): 104—112.

[62] 金一, 王移芝, 刘君亮. 基于混合式学习的分层教学模式研究 [J]. 现代教育技术, 2013, 23 (1): 37—40, 27.

[63] 杨家兴. 线上教学的设计和支持服务的设计法则 [J]. 天津电大学报, 2006, 10 (4): 1—5.

[64] 徐宁. 网络教学平台支持的课程内实践教学设计——以《人力资源管理》课程为例 [J]. 中国教育信息化, 2014 (10): 33—36.

[65] 余胜泉, 何克抗. 网络教学平台的体系结构与功能 [J]. 中国电化教育, 2001 (8): 60—63.

[66] 刘淳, 章强, 武齐阳, 等. 交互式网络教学平台的研究与实现 [J]. 南京大学学报 (自然科学版), 2006 (1): 29—37.

[67] 刘萱. 基于 Moodle 平台的《教育技术学研究方法》教学成效分析 [J]. 中国电化教育, 2010 (3): 95—98.

[68] 黄天娥, 李兰皋. 基于 Blackboard 网络教学平台的大学英语混合式教学模式探究 [J]. 教育理论与实践, 2014, 34 (6): 55—57.

[69] 王帅国. 雨课堂: 移动互联网与大数据背景下的智慧教学工具 [J]. 现代教育技术, 2017, 27 (5): 26—32.

[70] 秦睿玲, 李忠浩, 赵月平, 等. 基于学生中心理念的"MOOC+学习通+BOPPPS"混合式教学实施策略 [J]. 黑龙江畜牧兽医, 2021 (15): 139—143.

[71] 程旺开, 李囡囡. 基于云班课的线上线下混合式教学模式在高职微生物学教学中的探索与实践 [J]. 微生物学通报, 2018, 45 (4): 927—933.

[72] 李杰, 尚香转, 赵新辉. 混合式教学在高校篮球教学中的实验研究 [J]. 许昌学院学报, 2019, 38 (1): 144—148.

[73] 袁鹏. 高职院校排球课混合式教学的探索与实践 [J]. 中国

校外教育，2019（15）：19，21.

[74] 赵国栋，原帅. 混合式学习的学生满意度及影响因素研究——以北京大学教学网为例 [J]. 中国远程教育，2010（6）：32—38.

[75] 李成严，高峻，等. 翻转课堂教学评价体系研究 [J]. 计算机教育，2015（11）：100—103.

[76] 李逢庆，韩晓玲. 混合式教学质量评价体系的构建与实践 [J]. 中国电化教育，2017（11）：108—113.

[77] 谢永朋，杨英歌. 职业院校翻转课堂教学质量评价指标体系构建研究 [J]. 中国职业技术教育，2018（8）：53—62.

[78] 蒋立兵，陈佑清. 翻转课堂教学质量评价体系的构建 [J]. 现代教育技术，2016（11）：60—66.

[79] 刘智勇，陈婵娟，章文林. 基于SPOC的混合式教学模式的教学评价方式研究 [J]. 教育现代化，2017（13）：99—127.

[80] 唐玉兰，陈建慧，赵吉. 基于微信平台的混合式教学的效果评价 [J]. 淮北职业技术学院学报，2017，16（2）：67—69.

[81] 俞显，张文兰. 混合学习的研究现状和趋势分析 [J]. 现代教育技术，2013，23（7）：14—18

[82] 胡春燕，孙阳. 浅谈大学英语混合式教学中的监控体系——基于《新标准大学英语》网络教学管理平台（A级）的研究 [J]. 海外英语，2012（9）：112—114.

[83] 邹景平. 美国大学混合式学习的成功应用模式与实例 [J]. 中国远程教育，2008（11）：33—34.

三、学位论文类

[1] 朱五一. 普通高校篮球选修课运用领会教学法的实验研究

[D].苏州大学,2008.

[2] 常敏.领会教学法在羽毛球教学中的应用效果研究 [D].陕西师范大学,2018.

[3] 戚明明.游戏教学法对小学生体育学习影响的实验研究 [D].华东师范大学,2011.

[4] 付晚晚.MOOC在羽毛球教学中的应用研究 [D].首都体育学院,2016.

[5] 刘洪波.体育游戏教学法对儿童羽毛球学习影响的研究 [D].北京体育大学,2017.

[6] 郝晗龙.循环训练法在高校体育教育专业羽毛球教学中的应用研究 [D].辽宁师范大学,2020.

[7] 龙倩.情境教学法和传统教学法的实验对比研究 [D].湖南师范大学,2016.

[8] 李金婵.高校拉丁舞教学中程序教学法与传统教学法应用效果的对比研究 [D].陕西师范大学,2017.

[9] 郭建明.程序教学法在排球基本技术教学中的实验研究 [D].广州体育学院,2018.

[10] 李晨晨.多元反馈教学法在高校体育专业羽毛球教学中的实验研究 [D].山西大学,2019.

[11] 李明岩.多元反馈教学法在青少年网球教学中的应用研究 [D].北京体育大学,2019.

[12] 王宏俊.辽宁省普通高校羽毛球教学现状及发展对策研究 [D].东北师范大学,2006.

[13] 王云玲.湖北省普通高校羽毛球运动开展现状及发展对策研究 [D].辽宁师范大学,2008.

[14] 王立宁.长春市高校羽毛球课教学现状及发展对策研究

[D]. 东北师范大学, 2009.

[15] 梅婷. 山西省高校体育教育专业羽毛球普修课教学现状分析研究 [D]. 山西大学, 2011.

[16] 李崇敏. 陕西省普通高校体育教育专业羽毛球专修课的开展现状及对策研究 [D]. 西安体育学院, 2012.

[17] 柴承军. 上海市部分普通高校羽毛球教学现状研究 [D]. 上海体育学院, 2014.

[18] 侯小龙. 北京市大众羽毛球教学现状研究 [D]. 首都体育学院, 2015.

[19] 彭冉. 上海市部分普通高校羽毛球选项课教学现状与发展对策研究 [D]. 上海师范大学, 2016.

[20] 王雯娴. 苏锡常地区普通本科院校羽毛球选项课教学现状及对策研究 [D]. 苏州大学, 2016.

[21] 田子彬. 新乡市高校公共体育羽毛球课教学现状与对策研究 [D]. 广西师范大学, 2017.

[22] 范海飞. 少数民族地区普通高校羽毛球开展现状调查研究 [D]. 哈尔滨体育学院, 2019.

[23] 孟文涛. 普通高校羽毛球教学方法研究 [D]. 华东师范大学, 2011.

[24] 蒋伟昌. "新课标"下成都市大、中、小学羽毛球教学内容衔接研究 [D]. 成都体育学院, 2015.

[25] 常毅. 多元反馈法在体育教育专业羽毛球教学中的实验研究 [D]. 东北师范大学, 2007.

[26] 赵欢. 分层次教学在普通高校羽毛球教学中的实验研究 [D]. 东北师范大学, 2010.

[27] 刘振涛. 目标设置教学法在普通高校羽毛球选项课教学中的

应用研究 [D]. 哈尔滨工程大学, 2012.

[28] 王文娇. "体验式教学法"在羽毛球教学中的应用研究 [D]. 沈阳体育学院, 2013.

[29] 李鑫星. 分层次合作教学法在羽毛球教学中的实验研究 [D]. 首都体育学院, 2014.

[30] 宋占钦. 发现式教学法在高校羽毛球教学中的运用研究 [D]. 陕西师范大学, 2014.

[31] 王幸新. 技术链组合教学法在羽毛球教学中的实验研究 [D]. 河南师范大学, 2015.

[32] 陈琦. 情境教学法在高校羽毛球选修课教学中的实验研究 [D]. 东北师范大学, 2016.

[33] 马雯. 竞赛教学法在武汉职业技术学院羽毛球选项课的实验研究 [D]. 武汉体育学院, 2018.

[34] 龚春燕. 羽毛球正手吊球"诱导辅助训练器"创新性实验研究 [D]. 北京体育大学, 2015.

[35] 黄斌. 多媒体辅助羽毛球教学成效的实证研究 [D]. 武汉体育学院, 2017.

[36] 唐勇. 微信移动学习在高校通识教育羽毛球教学中的应用研究 [D]. 山东师范大学, 2017.

[37] 谢瑞青. 智能传感器在高校羽毛球教学中的应用研究 [D]. 扬州大学, 2017.

[38] 潘顺磊. 多媒体教学在河北省民办本科高校羽毛球教学中的应用研究 [D]. 河北师范大学, 2018.

[39] 夏文龙. 基于智能手机的移动学习在高校羽毛球教学中的应用研究 [D]. 首都体育学院, 2018.

[40] 兰慧杰. 微视频辅助教学在高校羽毛球选项课教学中的应用

研究[D].内蒙古师范大学,2018.

[41] 张帆.辅助练习器在羽毛球基础教学中的应用研究[D].山西师范大学,2019.

[42] 曾晗昕.智能手机辅助教学对普通高校羽毛球教学效果影响的实验研究[D].上海体育学院,2020.

[43] 段明伟.翻转课堂教学模式在高校公共体育羽毛球教学中的应用效果研究[D].云南师范大学,2020.

[44] 田鑫.智能可穿戴设备在中学生羽毛球教学中的应用研究[D].吉林体育学院,2022.

[45] 贾振霞.大学英语混合式教学中的有效教学行为研究[D].上海外国语大学,2019.

[46] 杨鑫.基于混合式学习的学习活动设计研究——以教学媒体的理论与实践课程为例[D].西北师范大学,2016,(5).

[47] 谭庆芳.混合式学习活动设计及应用研究[D].华中师范大学,2011.

[48] 马俊霞.高中生物《ATP的主要来源——细胞呼吸》的混合式教学探究[D].河南大学,2020.

[49] 刘笑园.基于OBE理念的混合式教学在中职《汽车营销》中的应用研究[D].天津职业技术师范大学,2020.

[50] 李艳华.以编程能力为导向的教学模式在中职《动态网页设计》课程中的应用研究[D].广东技术师范大学,2019.

[51] 黄娜.混合式教学模式在高职英语中的应用研究[D].西北农林科技大学,2018.

[52] 陈倩.混合式教学在高中思想政治课中的应用研究[D].西安理工大学,2018.

[53] 温雅茹.混合式教学模式在初中物理教学中的应用研究

[D]. 宁夏大学，2018.

[54] 宋康康. 混合式教学在体育院校游泳课上的教学效果的评价研究 [D]. 山东体育学院，2018.

[55] 范海飞. 少数民族地区普通高校羽毛球开展现状调查研究 [D]. 哈尔滨体育学院，2019.

[56] 秦楠. "互联网+" 背景下混合式教学模式建构研究 [D]. 山东师范大学，2017.

[57] 赵玉琴. 基于 "互联网+" 的高职思政课混合式教学模式应用研究 [D]. 河北师范大学，2020.

[58] 黄丽璞. 混合式教学模式应用于初中数学的实践与研究 [D]. 济南大学，2020.

[59] 陈丽娜. 基于混合式教学的学习效果评价研究 [D]. 华中师范大学，2018.

四、其他类

[1] 黎加厚. 关于 "Blending Learning" 的定义和翻译. [EB/OL]. http：//www. jeast. net/jiahou/archives/0006 18. html，2004.

[2] 教育部关于全面提高高等职业教育教学质量的若干意见（教高〔2006〕16 号）[Z]. 2006-11-6.

[3] 中华人民共和国教育部. 教育部关于加强高等学习在线开放课程建设应用与管理的意见. [EB/OL] http：//old. moe. gov. cn/publicfiles/business/htmlfiles/moe/s7056/201504/186490. html，2015-04-13.

[4] 中华人民共和国国务院. 国务院关于印发国家教育事业发展 "十三五" 规划的通知. [EB/OL] http：//www. moe. gov. cn/jyb_xxgk/moe_ 1777/moe_ 1778/201701/t20170119_ 295319. html，2017 -

01-10.

［5］李克强．政府工作报告——2019 年 3 月 5 日在第十三届全国人民代表大会第二次会议上［R］．北京：人民出版社，2019．

［6］洪海潇，闫亚辉．TGFU 教学法在羽毛球教学中的应用［C］//．第十一届全国体育科学大会论文摘要汇编，2019：6207—6208．

［7］https：//baike．baidu．com/item/教育部关于实施卓越教师培养计划 2.0 的意见/22929810？fr＝aladdin．